LOCUS

LOCUS

LOCUS

LOCUS

Smile, please

Smile 198

奧力占星：財富之書 —— 248年一遇的冥王水瓶時代

作　　　　者	奧　力
責 任 編 輯	丁名慶
美 術 設 計	許慈力

出　版　者	大塊文化出版股份有限公司
	105022 台北市松山區南京東路四段 25 號 11 樓
	www.locuspublishing.com
	locus@locuspublishing.com
服 務 專 線	0800-006-689
電　　　話	02-87123898
傳　　　真	02-87123897
郵 政 劃 撥 帳 號	18955675
戶　　　名	大塊文化出版股份有限公司
法 律 顧 問	董安丹律師、顧慕堯律師
	版權所有 侵權必究

總 經 銷	大和書報圖書股份有限公司
	新北市新莊區五工五路 2 號
電　　　話	02-89902588
傳　　　真	02-22901658

初 版 一 刷	2023 年 8 月 8 日
定　　　價	420 元
I　S　B　N	978-626-7317-56-3

WHERE YOUR TREASURE IS THERE YOUR HEART IS

奧力◆占星

財富

THE SECRET OF WEALTH

之書

248 年一遇的冥王水瓶時代

關鍵三年決定未來二十年好運

奧力——著

目 次

CHAPTER 2

2023 到 2026 各年間重要日期與提醒

財富機運三年簡曆

天上如是，人間亦然

2023 年 3 月 24 日是個特別日子。

那一天，冥王星由摩羯座進入了水瓶座。

在星象學上，冥王星是距離太陽最遠的一顆行星，繞行一圈所需的時間也最久。所以上次冥王星由摩羯座進入水瓶座，已經是兩百四十多年前的事了。

冥王星運轉黃道十二星座一周，約兩百四十八年，在每個星座停留約十八～二十年，但由於它特殊的橢圓形軌道，曾經在金牛座停留三十三年，而在對面的天蠍座只停留十三年。

上一次冥王星在水瓶座差不多是 1778 年到 1798 年，而這次則是 2023 年到 2044 年，時隔約兩百四十八年。冥王星

在 1930 年被發現，在現代占星學上，它與生、死、毀滅、解
構、蛻變，脫胎換骨有關，也代表著個人的心理層面的欲望與
恐懼，集體社會較深層的黑暗、神祕、邪惡的人事物。

就神話部分而言，袍不但是冥王也是富足之神，掌管著地
底下珍貴的礦物、金屬、以及稀有的有機物，是潛在巨富之所
在。冥王星所在的星座，象徵著一個長達二十年的世代劇變，
毀滅重生，脫胎換骨，宛如鳳凰涅槃浴火重生。

換星座像搬家：告別舊生活，迎向新時代

所以每當冥王星移動進一個新的星座時，世界上就容易看
到巨大的變動。

以冥王星上次由射手座進入摩羯座來說，正是爆發全球性
金融海嘯的 2008 年；再回推，它進入射手座，是 1995 年，後
見之明如我們都知道了：此後十餘年間，網際網路迅速連結全
世界，跨國大旅遊時代來臨。每個冥王星變換星座過程，都產
生對全體人類的劇烈影響，堪稱里程碑顛覆力。

而當冥王星從威權傳統的摩羯座，移動至不按理出牌的水
瓶座，變動更是格外巨大。所幸冥王星在摩羯座期間，也讓人
練就一身功夫，藉以應付未來二十年變化莫測的詭譎風雲。

或許可以這麼想像一下吧，就像是已經在山上的老家住了

二十年，卻因為某個因素，不得不搬遷到全新的黃金海岸高科技人工智慧豪宅。不僅需要斷捨離陳舊不適合用品之外，更要調適心態，面對一開始還無法習慣的全新陌生事物，例如大量使用 AI 控制的生活用品；過去用雙手用心做出來的東西，也需要與新事物融合。

在這個過程中，你會對「改變是唯一不會變的事」更有體會，如老子說的，「上善若水」，無論水在甚麼形狀的器皿，它從不改變它的本質，它依舊是水。或孔子所說「君子不器」—— 是的，我們不應該也不可能把自己當成無法變通的死板東西，尤其在如此變幻莫測的 21 世紀，先賢智慧誠不欺我。

我們心裡都有數：不太可能回去從前的生活，以及生活方式了。

我們面對的，正是如此一個新時代的開始，回顧過去三年疫情、氣候、戰爭疊加給人類的危險和死亡，更可以明白那是冥王星要離開上一個摩羯座最後階段必然會迸現的大亂局！

而在這樣的關鍵時刻，對星象感興趣，有研究的人，除了關心每日、每週、每月，或每一年的運勢之外，我們更需要的，是以更開闊的視野與時間觀，認識影響到每一個時間單位的變動、機會和風險，以及更整體的變動脈絡，才有機會掌握對這個劃時代新未來「階段性趨勢」的認識。

這裡的「階段性趨勢」，有短期，有長期：短期指的是今年起的三年，到 2026 年，「搬家」的最初整理與調適的階段。

長期，指的至少是冥王星停留在水瓶座（～ 2044 年），今後二十年的階段。

只有當我們先掌握對新時代這短期、長期階段的認知之後，再來細部檢查流年、各個星座的變動、機會和風險，才不會見樹不見林，才會事半功倍。

為什麼要了解，到 2026 年短期三年的階段？

同時，不但冥王星搬家換星座，另外兩個重要的外行星，天王星與海王星，也不約而同在 2026 年正式進入它們各自的新家 —— 海王星將由雙魚座搬到牡羊座，從充滿水元素的虛幻浪漫的雙魚座搬到火力十足熱情四射的牡羊座（這真的需要花蠻多時間適應！）；天王星也會從實打實幹的金牛座，搬到花招百出的雙子座，無不是破界、跨界、闖世界！以至於，在 2023 到 2026 年，三王星各自引發出不同的矛盾與問題，要直到 2026 年 4 月 26 日，天王星正式進入雙子座，三大外行星才算是真正搬好了家，時代新局面正式開始。

只是，在塵埃落定前，冥王星、海王星、天王星，這三星的變動，在三年內會非常劇烈，尤其冥王星這次由摩羯座轉入水瓶座，我們可預見強權殞落，風象力量取而代之；城堡雖瓦解，但在瓦礫中找的方向前進是需要時間的，要到 2026 年

才算穩定下來 —— 三王星的綜合影響，也將持續近二十年。而過了這個三年階段，我們就要更適應這個剛剛塵埃落定的環境了，同時也為進入再下一個階段（冥王星進入雙魚座，2044 ～ 2068）做準備。

在冥王星 2023 年進入水瓶座後，期間經歷兩次「退行」，一直到 2024 年 11 月 20 日才正式進入水瓶座，一直待到 2044 年，長達二十年。此刻我腦海中突然出現白沙屯媽祖出巡，進駐某處都必須三次進退才完全停下的畫面，似乎如此才算是遵循天意。

行星退行（Planets Retrograde）

除了太陽與月亮，環繞太陽運行的各行星，在它們的行進軌道中，有時候會偏離預定路線一點點－這就好像我們人一直走直線，偶爾會需要修正路線。

這個修正的過程，就叫作「退行」。最有名的，莫過於水星退行的「水逆」。事實上，水星退行是在做修正動作，所以並不都是代表壞事，它象徵著反省、退縮，行星退行時能量會減弱，所以期間容易發生混亂、矛盾、延遲等等現象，有時會退回到原點嘗試重新開始。所以開始退行與停止退行的

位置，都有它具體的關鍵意義。

由於水星、金星、火星比較接近地球，我們對他們逆行時的感受比較深刻。

水星一年約退行三～四次，每次約二十一天。我們會感受到資訊、交通或思維連結上的混亂。

金星約一年半退行一次，每次約一個半月。可以感受到桃花、金錢的放縱與不和諧。

火星約兩年退行一次，每次約兩個月。容易發生意外災害、暴力橫行，甚至軍事戰鬥。

接著是離我們比較遠的「外行星」－繞行軌道距地球較遠的太陽系行星，包括木星、土星、天王星、海王星、冥王星：

木星每年退行一次，每次約四個月。容易一開始很樂觀，接著就停滯不前或比預期更耗費心神、金錢。

土星則每年退行一次，每次約四個半月。個人或機構大團體，容易發生狀況、挑戰、挫敗，通常是結構性的問題，計畫容易拖延。

天王星、海王星、冥王星等三王星的退行，通常就是整個世界集體意識的修正期。

天王星每年退行一次，每次約五個月。社會氛圍容易出現特別叛逆、失控或特立獨行的狀況。

海王星每年退行一次，每次約五個半月。社會氛圍會出現特別不切實際或自我欺騙，或流行疾病。

冥王星則每年退行一次，每次約半年，社會氛圍容易出現醜

聞或黑暗面。像是 2023 年 5、6 月間，冥王星從水瓶座退回摩羯座期間，台灣爆發數件令人譁然的性醜聞，餘波不斷。這是因為，當冥王星轉換能量期間，在摩羯座的沒清空的負能量垃圾，會都挖掘出來，尤其是（摩羯座所象徵的）高社會地位人士或名人。

必須改變的我們

三年來的疫情，讓很多人不得不改弦易轍，轉換人生跑道，甚至放棄過去，重構人生目標。孰不知，禍福相倚，因此創造另一個人生高峰也無不可能。

在冥王星跨座前夕，ChatGPT 成為最熱門的議題，撼動各個領域，彷彿一覺醒來，世界又變了好幾次，紛至沓來的資訊量，令人心驚膽戰，深怕趕不上變化被淘汰，或失去投資機會；更多人也開始認真地嘗試學習相關知識與技能。事實上，科技在人類生活，在我們日常生活不能盡知的範圍中，已經掀起多次波濤狂瀾，無論是在購物休閒、學習教育、工作事業等；只是這回更加劇烈。距離上次冥王星進入水瓶座約已有兩百四十八年了，當時正與風風火火的工業革命（1760～1840），或美國獨立戰爭、法國大革命等超級大事的時段重疊，想必嚇壞了很多人，這一次，人工智慧透過網際網路讓很

多人尚在不明就裡時，已經進入生活，甚至取代原有的機制。

這不禁使人好奇，這回冥王星再次進入水瓶座，還會發生哪些這種影響全球等級的大事？而儘管我僅是一位凡人占星師，是不是至少能從占星學上看出一些跡象，讓有緣的朋友能有機會獲得來自宇宙（而不是我）的指引，啟動自身的心念，找到自己的定位？同時，也是在未來參與見證時代變化之際，回過頭來印證占星學與星象變動的奧祕力量。

我從小喜歡仰望藍天白雲，夜裡看著月亮和星星，好奇著這些星體有什麼樣的神祕力量，讓人如此著迷，更感覺與自己有種隱約的關連存在。

在沒有電腦星座軟體的小學時代，就自己手繪星盤圖，並自學占星術。大約高中時代接觸佛法，天天問自己來世上的意義，經歷大學、海外工作、婚姻家庭，似乎都沒有找到真正的答案；直到工作跌落谷底，除了專心抄寫佛經也學習《易經》，同時研究國外文獻更深入研習占星學，也開始成為專欄作者；在研究《易經》的過程中，領悟了天地萬物變化的道理，更體認到，占星學是進一步了解變化現象的知識體系，幫助我們提早有心理準備應對。占星學其實就是古人觀察天象的大數據資料庫，人生軌跡起伏跌宕，滾滾紅塵人間的際遇情念劇本，乃至本書主要關注的財富課題，都有天上羅布眾星的縱橫交錯牽引。「天上如是，人間亦然」。

我很喜歡電影《一代宗師》裡說的，「世間所有的相遇，都是久別重逢」，報仇的報恩的全都來了。為了瞭解自己與他人的愛怨情仇，開始探索天空的奧祕，原來每顆星都有著亙古不凡的來歷與故事，這就是占星學。

　　來到現代，我們更可經由網路上就能輕易取得的科學軟體協助，根據每個人的出生年、月、日、時刻與地區，繪製出每個人獨一無二的精準星盤。

　　在占星諮詢過程中，除了個人星盤，也會以中國的八字學佐證；對於懸而未決的人事物，根據諮詢者當下運勢配合塔羅占卜，傳達宇宙能量的訊息。這些年累積的互動經驗，也讓我更加確認，在我們生活中發生的每件事都有意義，當下的那一刻宛如截圖，沒有好壞對錯，我們無法用上帝的視角來看透每件事，卻能用最正面的角度來接受每個狀態。當我回顧人生，很清楚自己的人生藍圖早就設計好了，所經歷的一切，都是為了造就自己成為一位占星療癒師，幫助需要的朋友，認識個人的生命藍圖與浩瀚宇宙的互動，調整身心靈狀態，無論在工作事業或日常生活，以舒心自在的方式，享受每一天；或鼓動勇氣走出低潮，集中正能量，創造生命價值。

　　只是，新時代的來臨，我也不能不意識到，不能僅僅滿足、止步於此。畢竟個別諮詢提供的協助，受限於少數人，善念的傳播與影響也頗為有限的。

　　在冥王星轉入水瓶座之前，社恐的牡羊座奧力，因緣際會

認識大塊文化董事長郝明義先生，在他的鼓勵下，開始撰寫這本書 —— 希望能在三王星能量轉換的迷茫期，幫助更多讀者在劇烈變局中整理心念、規畫未來；至少是可以當作你身心搬遷新家的安頓提醒 —— 這其實是我在此之前連自己都不敢想像的決定。而這也能從我自己的星盤獲得印證，是冥王星落入我牡羊座「五湖四海」主題的 11 宮的影響。這不能不說是星星帶領我經歷完全不同領域機會的奇妙際遇。

這本書，主要探討自冥王星移宮換位到水瓶座，以及海王星與天王星同時期換位時，所發生的可能。改變，是人生最不自在的情境，但在這三大外行星各自到位之前，重大變化無法避免。我們又該如何面對、因應這些變化呢？

狄更斯小說《雙城記》開頭寫道：「這是最好的時代，也是最壞的時代；這是智慧的時代，也是愚蠢的時代；這是信任的時代，也是懷疑的時代；這是光明的季節，也是黑暗的季節；這是希望之春，也是絕望之冬；我們應有盡有，我們一無所有；我們直奔天堂，我們直奔地獄……」。

這可能是對冥王星最佳的闡述，因為它，我們被迫改變，也必須正面迎向改變。

本書前半，我們將一起看看，新時代變動的背景，在占星解讀中的意義；以及在這段充滿變動的關鍵時期，宇宙給予我們的訊息。

本書後半，將以十二星座的區分，為上升或太陽星座（以前者為主）的讀者提供參考建議，說明各星座在 2023 年 3 月到 2026 年 4 月的重要星象時間點與解讀，財富課題、機會，以及可能的應對方法。時間軸除了重要天象之外，更以水星退行（水逆）期間作為主要提醒。

「你的財寶在哪裡，你的心也在哪裡。」

經濟學上最早給財富下定義的，是古希臘著名的史學家、思想家色諾芬（Xenophon，約 430 ～ 354BC.）。他在其著作《經濟論》一書中寫道：「財富就是具有使用價值的東西」。其後，古希臘的思想家亞里斯多德（Aristotle，384-322BC.）進一步指出：「真正的財富就是由……使用價值構成的。」在對財富性質的論述上，他認為物品具有使用和交換兩種屬性，只有以使用價值為目的的商品交換，才是合乎自然的。

然而在現今世俗的眼光中，忽略商品的價值性，認為兌換商品的貨幣才是真正的財富，是故「金錢就是財富」。

我們雖不是經濟學家，也清楚了解在現實社會中，金錢很重要，雖說錢非萬能，但沒錢卻萬萬不能。

每個人對財富的定義不盡相同。《聖經》上有句說：「你的財寶在哪裡，你的心也在哪裡。」（〈馬太福音〉）

我願意這樣理解：當我們將有限的時間投入最重要的或不足之處，因不同選擇，加上時間的軌跡，便累積成不同的報酬——有些人會在專業領域成為專家，有些人累積金錢，有些人累積人脈應用自如，也有些人則讓自己的家庭更加親密。

本書中的財富概念，不僅僅只限於「有形的」金錢。「無形的財富」則可能包括：專心投入工作，讓自己能保持專業競爭力；堅守自己興趣或理想的意志力；為了守護家人而努力的愛的力量；為國家社會與眾生著想的慈悲心。

而這些無形的財富能量，在適當的時機點，仍可能轉換為豐盛的金錢。而形成這些時機點的元素，除了一己積累的能量與努力，或許也加上洞悉錢潮趨勢——例如當下的冥王星財富趨勢——並做出改變或選擇。反過來說，人們努力地賺取有形的財富，流通經濟，或追求財富自由，其實重要的動機之一，不也就在於希望讓自己與周遭人們擁有的各種無形的，或說形而上的財富，取用不竭嗎？

人生教練 Cosmo（吳建賢）的經典名言：「當你還沒得到你想要的，是因為宇宙將給你更好的。」

冥王星進入水瓶座，
將為我們帶來什麼樣的機會？

　　國際間許多知名的占星學者，針對冥王星有許多的文獻探討，尤其是在靈魂、業力或心理學的部分的研究探討，有非常多的書可供參考，冥王星為何如此特殊，能夠讓那麼多學者研究它？本書將主要從財富的角度，來探討冥王星的本質與它對人類的影響。

　　財富，是人人都想獲得的，但人各有命，所求也不同，我們只能順應潮流來創造自己人生的豐盛。

　　躬逢其時還是生不逢時呢？這個時就是「勢」，為什麼冥王星轉移星座是重要的事？因為它代表了勢的改變。只是，冥

王星憑什麼是這個勢呢？

在每個個人的星盤中，冥王星的星座與宮位，代表著個人靈魂之旅的終極目標，在此我們不多說，因為那需要再寫一本書才能說明清楚。在這裡，只以冥王星的行運為主軸，來聊聊大環境因為冥王星轉入水瓶座對我們的影響 —— 大至產業社會氛圍，小至個人心念與選擇。

冥王星進入水瓶座：浴火重生，創意自由

冥王，是神話中的冥神黑帝斯，掌管死亡與大地；冥王星宛如一個巨大的黑洞，吸入所有的黑暗、暴力、操控、嫉妒、性與死亡等不為人知的深層欲念，在極度的壓縮下，爆發出毀滅重生的蛻變力量。

經歷冥王星行運時，我們有機會在自身相關領域進入「地下之旅」，經驗生活的陰暗面或不公平。冥王星是極端的星體，與權力和控制、失去和質變有關。冥王星有能力摧毀一切，將所到之處夷為平地、荒地。

現在，我們不妨稍微參考歷史上冥王星在水瓶座時期所發生的重要事件，藉此參照，思索未來的局面。

上一次冥王星行進入水瓶座，大約是在1778年到1798年。

後見之明，這無疑是一段劇烈的社會動盪時期。當時，冥王星約在 1778 年進入水瓶座，同時天王星也在雙子座，海王星也準備自處女座轉入天秤座，

第一次工業革命：1760 ～ 1840 年，最關鍵的階段，正與冥王星在水瓶座的時期重疊；更準確地說，是跨越了前後兩個個階段（冥王星先在摩羯座，再轉入水瓶座），產生的影響，必定是能量醞釀已久，然後在冥王星搬家之際一口氣爆發出來，產生驚人的連動效應，將全世界迅速捲入。第一次工業革命，機器極大幅度地代替了手工勞動，科學技術開始發揮愈來愈大的作用，徹底改變了傳統的生產方式、獲利與資產分配模式，開啟了實現現代化工序的帷幕。也劇烈衝擊、改變了後來人類的社會各層面的運作模式，乃至於人際關係、價值觀等。

美國獨立革命：1775 ～ 1783 年，同樣貫穿於整個冥王星在水瓶座時期。是冥王星的破壞能量與水瓶的追求平等獨立能量共同作用的最具代表性例子。世界歷史上第一個大規模的民主共和政體國家得以創建，後來的兩百年間，在世界上成為不可忽視的角色，劇烈牽動著後來每一國際關鍵時期的情勢。

法國大革命，封建專制土崩瓦解：1789 ～ 1799 年，剛好與冥王星待在水瓶座的後半時段疊合，冥王星也開始準備進入下一個階段（1797 ～ 1823，在雙魚座），除了冥王星在水瓶座的影響，這同時意味著宇宙能量正在準備新的變動整合，猶如再度準備搬家，對於每個人的生命處境、價值觀都會帶來難

以想像的衝擊。此時，傳統君主制的階層觀念、貴族以及天主教會統治制度被自由、平等、博愛等新原則推翻，為現代的法國政治文化和文明價值體系奠定了基礎，也震盪了其他國家的人心，更標舉了影響其後幾世紀的重要人權與民主精神。

由當時爆發的這幾件大事來看，我們就知道，當冥王星進入水瓶座的時候，代表著新的歷史階段的開端，以及一種新的政治文化的初始形態。

而兩百四十多年之後，這次冥王進入水瓶座呢？

僅僅是在冥王星第一次進入水瓶座的同一個月（2023 年 3 月）內，我們就至少看到美國的矽谷銀行、第一共和銀行連續宣布破產倒閉，全球等級「大到不能倒」的瑞士信貸破產，日本的老字號工業巨擘東芝也傳出董事會批准（被）收購案……都是過去難以想像的巨大負面變動，也印證冥王星搬家過程中宇宙的巨大能量波動。而尤其值得關注的，不論在全球哪個角落，一波波經濟壓力衝擊後，骨牌效應般隨之而來的，則可能是威脅生命財產安全的社會問題。

然而絕大部分人都可能深有體會：深黑之處也有隱密的寶藏。而生活中，挺過艱難之後重新崛起，會讓我們更強大、更富智慧。這是冥王星與它守護的天蠍座的力量。而鳳凰般浴火重生是最高境界。

2023 年 3 月 24 日，冥王星從摩羯座轉入水瓶座，不僅代

表前幾年冥王摩羯尾聲的疫情造成全球等級的「變化」即將進入新的一幕，也標幟著我們再度進入風元素世代（水瓶座屬於風象星座），象徵著有關科技、創新、群眾、福利、民生、社會改革和地緣政治的磨合，將是未來聚焦的議題。

這也意味著，社會將從一個嚴謹壓抑的氛圍、轉入一個追求創新且注重自由平等的位置。嚴峻的抗疫時期，也在這時候，漸漸卸下重重防線，大多數的我們，也將逐漸在後疫情時代找到新的個人生命思維。

另一方面，也代表邊陲地緣區域或是國家，將逐漸成為世人關切的焦點，例如，我們居住其中的台灣，必定是其中之一。不論是近年台海情勢牽動的國際關注，或未來人工智慧高度發展過程中不可或缺的半導體產業，都是輕易可見的印證。

2023 年冥王星進入水瓶座前，在摩羯座發生了什麼事？

這邊讓我們先把時鐘往回調一段時間。上次冥王星在 2008 年由射手座進入摩羯座，金融危機席捲全球，我們見證了全球的經濟和政治領域（摩羯座）的巨大動盪（冥王星）。

尤其自 2020 年起，全世界陷入疫情之中，許多大型企業都面臨組織重整的壓力。一般民眾對中央政府，或深信不疑的團體，可能會出現信任徹底瓦解，或劇烈的形象衝擊。也可預

期，各種挑戰人性的議題也將在未來陸續出現。2023 年 5、6 月間在各領域延燒不斷的 #metoo 運動，過去受到權勢（摩羯）打壓、塵封多時的性騷擾記憶傷害（冥王），在網路上接連發聲、討論、獲得奧援（水瓶），此時正好是冥王星暫時退回摩羯座的時期，就是相當具代表性的例子。

此外還有因宗教或利益衝突所爆發的戰爭，同時也引發了食物與醫療的需求。

而以迫切程度趨緩，但發生時間距還我們還不算太遠的武漢新冠肺炎來說，中國醫學界於 2019 年 12 月 26 日首次正式識別及發現此疾病（冥王星、土星都在摩羯座）。無獨有偶的，2020 年 1 月 15 日，中國疾控中心將新冠肺炎轉為一級應急響應（摩羯新月，土冥合相）。或許這些聽起來都很巧合，但透過天象，這一些都是有跡可循的。

一個新的瓦解力量，悄悄透過土星與冥王星來到我們的世界。我們不妨先認識一件事：當冥王星在某個星座，那個星座就被賦予化蛹成蝶的蛻變使命，而蛻變的心法或線索，則是「對宮」的星座。作為摩羯座對宮的巨蟹座，就是「家」，所以，宅在家的居家隔離，成為處理這次疫情最重要的方式之一。

摩羯座本身就象徵一套牢不可破堅固的免疫系統，而當象徵著責任、罪惡感以及不安全感的土星，與冥王星在此刻重疊，其破壞威力難以言喻，你可能留意到了：這次疫情，男性確診情況高於女性，長者多於年輕人，尤其是在 2020 年「土

冥合相」時，年長男性死亡比例高出許多。因為摩羯座的守護星原本就是土星，而土星則是代表著年長男性。另外，也代表身居高位的權勢或有名的人。

讓我們把時間再倒退多一些：冥王星自 2008 年由射手座進入摩羯座，全球金融體系崩塌，我們依靠政府或財團的力量支持下來，但進而形成財閥、富豪，尤其是以土地或房地產致富居多，甚至形成貪腐的網絡。我們還見證到金融業的體系改變，例如塑膠貨幣逐漸取代現金使用，如信用卡、儲值卡、預付卡等等，也有所謂的無人銀行，由自己操作。

然而，趨勢向上走到至高點總會下滑，2016 年中，房地產來到它的高點。接著慢慢起飛的，則是運動明星產業，霎那間，全世界的人都在投入運動，健身房如雨後春筍般林立，而運動員明星，更是難以計數。

以 2016 年 8 月的里約奧運為例（你一定不會忘記，台灣的舉重選手許淑淨獲得金牌，郭婞淳獲得銅牌，也改寫了她們後來的生涯規畫），閉幕典禮時，前日本首相安倍晉三扮成電玩明星超級馬利站上舞台，展現 2020 東京奧運的超高科技之姿，運動、有趣的電玩明星、亮麗舞台，這都是絢爛獅子座的特質，在摩羯座至高點那一刻，未來水瓶座對宮的獅子座已經嶄露頭角，蓄勢待發。

當冥王星造訪射手座（1995～2008 年）

讓我們回想一下：當冥王星進入摩羯座之前，待在射手座期間，這世界發生了什麼事？這段時間，恰逢海王星在水瓶座（1998～2012 年），天王星也在水瓶座（1995～2003 年）然後進入雙魚座（2003～2010 年），今天每個人都還在當時的影響下——網路世界夢想大爆發，科技結合藝術，創造出虛擬世界，出現了 AR、VR 等雛型。

而射手座的影響則是，全人類嚮往海外，或旅遊歡樂渡假，或追尋宗教信仰。以台灣來說，例如慈濟就在 2007 年成立國際人間組織，將愛心散播於全世界。國際間的各種人事物交流更趨頻密，學習的界線持續打破：我們學習用手機、網路、facebook、YouTube，還有更高層心靈。這些社會氛圍與產業發展，從有線到無線，都是人類智慧的堆疊，並非一蹴可成。

題外話，這段時間出生的孩子，尤其是 1995～2003 年，天王星在水瓶座，除了難搞叛逆令家長頭痛外，更充滿創造並拒絕傳統束縛的張力，如今他們都已進入二十歲的黃金時期了，在經過冥王星進入射手、摩羯到水瓶座的這些年的磨練後，這群上天賜與這個世界的天王星世代將是未來時代的中流砥柱——甚至可以說，未來就是現在——我們可以拭目以待。

零距離，資訊爆量，和人民站在一起

在過去的人類歷史中，我們看過無數的例子：為了實現平等和自由，人們願意與強大的領導人站在一起。但是，隨著冥王星來到象徵著集體、群眾和社區的水瓶座，將會出現新的團體，形成抗衡力量，解構原有的框架，出現權力下放的趨勢——這早在兩百多年前美、法等國的革命戰爭獲得印證。而在今天，則更因有了網絡與科技，人們更方便即時共享資源與專業，創造連結與交流，溝通處境，更有機會打破舊的限制、框架，以及權力、利益模式。

另方面，水瓶座的特質，正是與科學技術息息相關。如果說 1990 年代天王星和海王星在水瓶座的行進，帶來了技術的突飛猛進，那麼冥王星在水瓶座期間所要給我們的改變，又是什麼呢？

大家如今應該都不陌生這樣的感覺：透過網路，實現了溝通零距離的夢想，也增加了跟更多人（不論陌生熟悉）接觸的機會，但彼此的互動品質、認識、情誼，是否真的進步了？資訊獲得更容易了，但是否也大幅增加選擇、系統化整合的困難，提高了被欺騙和遭到操弄的風險？但同時這也成為人工智慧在新時代的努力方向。

於是對個人來說，如何在水瓶時代既保持（關係、思考、價值觀的）獨立，又對社會群體產生貢獻，將會是在未來幾年

中，需要不斷學習和體驗的課題。

這課題其實早有占星學上的線索：當土星在 2023 的 3 月 7 日離開水瓶座，轉入雙魚座，人們在社交距離的壓抑與挫敗感逐漸消失；當冥王星進入水瓶座，新的模式溝通模式將帶來改善，只是在新的大門完全開啟之前，將會有一段迷茫調整時期，無論是在個人心理或是社會氛圍，都渴望尋求新的立足點或著力點。

進入冥王水瓶時代，會讓我們從物質社會的價值觀，轉而開始思考人生的意義，尤其經歷過去三年的疫情，人們的價值觀已受到強烈震撼。還記得排隊買（不到）口罩、酒精、快篩試劑的焦慮，以及就算保持距離仍畏懼、不信任身邊陌生人的強烈不安嗎？還記得不得不隔離在家兩週、無法與家人親近的寂寥感嗎？還記得百業猛然蕭條，無從努力也無以為繼，夢想、希望都加速幻滅的挫敗感嗎？

當然，那似乎都過去了，但你我的心境已然不同，儘管疫情過後，週末高鐵站已經恢復洶湧的人潮，假期機加酒再度貴森森，體驗過「活在當下」的選擇如何珍貴的我們，儘管還有一段迷茫的時期要跋涉，但最終必定將更加義無反顧順著自己的心向前走。這是冥王水瓶的禮物。

水瓶座的「對宮」獅子座，提示未來的產業潮流

　　由於冥王星待在每個星座的時間約二十年，而在這長達二十年間冥王毀滅重生力量的擠壓蛻變過程，冥王星所在的黃道星座，便是我們在人生中戰鬥或是面臨挑戰的領域；而該星座在星盤對面的星座，便是我們的大後方補給站，這便是高階占星學中的「對鏡理論」。

　　舉例說明，當冥王星在天蠍座時代（1983 ～ 1995），對面星座金牛座，象徵金融產業、金錢遊戲，錢滾錢模式發財，台灣的股市有了 ROC（Republic of Casino）的暱稱。

　　當冥王星在射手座時代（1995 ～ 2008），對面星座為雙子座，那段時期的媒體業蓬勃發展，彷彿世界各國的人都熱中旅遊。像是台灣高鐵於 1998 年成立公司並於 2007 年正式開通營運，如今已是南北一日生活圈不可或缺的交通依賴；彼時台灣民間媒體業蓬勃發展，眾聲喧譁，一片榮景。

　　冥王星在摩羯座（2008 ～ 2024），對面便是巨蟹座，房地產、不動產成為主要發大財之道，營造產業興盛，建案隨處可見。

　　現在冥王星來到水瓶座（2024 ～ 2044），對面的獅子座產業，便是未來二十年的潮流。

　　獅子座產業，也就是指運動娛樂、明星經紀、兒童寵物、高端藝術珠寶古董、美麗事業、文創寫作、藝文戲劇與舞蹈音

樂創作、旅遊渡假、銀髮族、貴婦頂層消費、手遊電玩、主題樂園、寵物兒童、形象設計、品牌行銷、戲劇舞台、創意設計等等，加上獅子尊榮般客製化概念的服務，當這些關鍵字與水瓶座相關的，「網路」、「電商」、「人工智慧」、「醫療革新」、「能源革命」與各類型高科技產業結合時，很可能會現有的產業的經營、獲利模式、形象定位等產生巨大改變，尤其是如何運用高科技，提升效能、便利、樂趣與影響力，更是關鍵所在。

例如，位於花蓮的遠雄海洋公園，在 2023 年 6 月份宣布將轉型為「海洋主題遊育園」（Edutainment Ocean Park），除了休閒育樂的功能，還在公園中啟動能源轉型，在園區內場館屋頂架設太陽能板，成為台灣第一個種電的主題樂園，自給自足之餘，還可以賣電給台電另闢財源；另方面，它也投資成為海洋哺乳動物觀察站、海洋生物救援教育基地，可說是靈活結合上述的代表性例子。

其實，各產業都不妨試著馳騁想像力，看看上述的獅子座產業，與水瓶座概念或現象，可以怎樣組合變化，產生不可思議的新可能？然後就是付諸行動實際做做看。

不過，高科技未必是萬靈丹，也有不甚成功的嘗試，像是有些餐飲服務業使用的 QR code 點餐，除了加速點餐效率，也是為了在疫情期間降低人為接觸，但缺乏溫度的互動，對服務業乃是一大致命傷；當疫情趨緩，恐怕仍會被親切問候的服

務員取代。在這裡或許也透露出一些線索，僅僅是搭上科技的火箭，顯然是不夠的，如何在應用科技之餘，持續關注人心與感受的真正需求，或許才是提升價值、獲取利益的關鍵。

產業都會經歷興衰消長，適時調整仍有機會

冥王星本身就是象徵蘊藏的資源與巨富，如前面所說，進入不同的星座階段，創造的錢潮起伏，會反映在不同產業；同時，我們也會在占星的指引下，留意到它們抵達高點，逐漸交棒給另外的產業的時機。

比方說，冥王星在摩羯座期間（2008～2024年），相當具有摩羯座特質、逐漸形成巨大利益的企業集團商業模式，與（摩羯座對宮的巨蟹座所代表的）土地、不動產房屋業，就是在2016年抵達財富巔峰，之後逐年下滑（並不會急速萎縮甚至消失，或者一下子出現毀滅性的衝擊，但相較於之前，可能相對辛苦；不過如果未來能在新的階段做出適當的應對策略，仍有機會創造或守護財富）。而冥王水瓶世代（2024～2044年）的高點則是2034年 —— 相關產業討論，在本書仍以新時代最初三年（2023.3～2026.4）為範圍 —— 在每個世代，不同產業都可能經歷如翹翹板般的起伏。

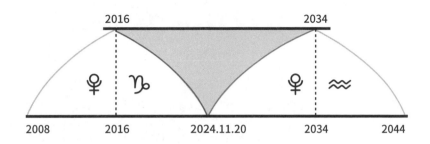

冥王星 ♇　摩羯 ♑　　2008——2024 ｜高點年：2016

冥王星 ♇　水瓶 ♒　　2024——2044 ｜高點年：2034

2016~2034 產業高點理論

　　另一方面，在進入冥王水瓶新世代的同時，冥王摩羯時代的強人、集權經營管理模式或組織結構（這也影響到整個社會乃至個人的財富追求模式和觀念），不論是在國家或民間企業團體，也將面臨調整。

　　也是在 2016 年，運動產業加速興盛，或許正是因為充分體現了獅子座產業中創造明星偶像、競爭榮耀、挑戰、展現力與美、樂趣、品牌創意、努力價值等特質，透過呼應水瓶座概念的科技傳播、團隊合作、跨界創意等技術與行動的推波助瀾，逐漸大幅提升超越前一階段的影響力與吸引力，不論是媒體關注、跨業連結、產品設計製作水準、消費能量等都有驚人成長，讓人彷彿錯覺全世界的人都在運動或談論運動，周邊產

業蓬勃，運動明星的形象、代言產品，更頻密地出現在人們的日常生活中。也成為見證兩個時期的高點前後財富熱點消長變化的代表性產業。

當然，每個產業都可能經歷興衰，當你意識到「時機到了！」相應做出對的事，至少可能維持經營的餘裕。例如，如果你是經營傳統鞋廠，當人們更熱中穿小白鞋或運動鞋時，你的主力商品路線沒有相應做出調整的話，勢必經營得比較辛苦；如果能在維持質感的基礎，適當地調整定位、開拓設計的想像力，開放心胸了解市場與消費者期待，銷量一定很不錯。

自 2023 年 3 月下旬起，冥王星首次進入水瓶座時，才推出不過數個月的 chatGPT 在全球形成爆炸性的議題，全面進入人們的生活與工作的各種領域，人人興奮、害怕（被取代）又期待，其實這還遠遠不能算是財富創造力的高點，卻是拉開新時代序幕的重要信號，或是激活想像力與技術開發的里程碑，也成為給予未來科技、產業前進方向重要提示的風向球。

當然，我們也必須認識到，這一切的積累，並非無端橫空出世，在冥王摩羯座時期一步一腳印累積、試誤修正的 big data 功不可沒，只不過是在冥王水瓶座之際，因勢利導地崛起。我們不妨進一步在心裡孵育一個善念：即將迎來的冥王水瓶時期這二十年創造與經歷，其實也是在為下一個二十年（冥王星進入雙魚座）打底。時代儘管會有變化，但總是會像一條奔湧不息的河流那樣綿延不可斷絕。

網路與科技加持，全民投入自造明星

在（指出冥王水瓶時代應對心法的）獅子座相關產業或趨勢來說，產品或個人的明星化，在未來，多媒體呈現或是直播模式仍是趨勢；並且因為冥王水瓶時代是一個能量交替的時代，因此我們可以看到電視節目網路化，或網路上的頻道節目品質精緻完整的程度直追過去需要較高成本製作的電視節目。更多專業人士被明星化：運動員、政治人物、作家、醫師、律師、心理諮商師、命理師、瑜珈或健身老師……等等。

在過去，各行各業明星或因個人特質，或因專業表現亮眼而被發掘，被推到人群之前，多少有點被動，或需要比較長的時間打拚、競爭——在冥王摩羯時代，明星或許會持續受到比較、挑剔、檢視，依賴輿論評價，對專業程度的要求，投入的成本比較高，光環、資源可能集中於相對的較少數人，尤其是更常依循一套審查、累積資歷的程序，也更在意位階關係。

但今天，則可能上面這些情況都會被打破：比方說專業性愈來愈難認定（充斥各種真假資訊）而降低了專業門檻，流量取代輿論，主動性更高，對「明星」的定義更不具客觀的認定標準，更容易自我感覺良好，各種創意的嘗試空間更大，成本更低，樂趣、自由、分享等價值取代了權威……等。

只要有一支智慧型手機，持續曝光並維持內容的趣味性、議題感與品質，就有機會創造粉絲千萬的自媒體品牌，在未來

勢必門檻更低，投入者與追隨者更眾，觸及受眾的可能性更多。其實，譬如網紅們互相拉抬、合作節目、共組公司或團隊，推出嚇大家一跳的新企畫，都是已經出現且方興未艾的事。甚至不難聯想，在不久的將來，AI 人工智慧也可能扮演節目製作與創造內容等角色。

無論你想做什麼賣什麼，網路都可辦到，日新月異的科技則愈發提升製作內容的想像力。全民皆可將自己打造成明星，或者各行各業都需要推出明星（或跨越到其他專業領域借調明星）持續創造、變換注意力焦點時，也帶動更多相關產業發展：網路業者無疑是金飯碗，直播周邊器材也水漲船高，升級彷彿與時間互相追逐的競賽。

不過，各星座投入這個趨勢的態度略有不同，比方說火象星座（牡羊、獅子、射手）最在意輸出的效果，務求精緻亮麗，讓人耳目一新，內容、表演或呈現的感覺就算被批評浮誇，設備所費不貲，都不會輕易動搖，你們在乎的就是個態度。

至於土象星座（金牛、處女、摩羯），則可能會先考慮預算，找贊助商或做了無數的市調後才會決定設備、團隊、呈現方式、節目內容。架構這件事對於你們很重要。此外，你們也可能運用動畫來進行製作，或藉由虛擬人物主持頻道 —— 畢竟你們沒那麼喜歡拋頭露面。

對於風象星座（雙子、天秤、水瓶），面對鏡頭侃侃而談似乎是你們的天性，無論是創新或八卦的議題，都可以掌握得

很好，並且能與網友或粉絲互動良好。你們也很在意節目內容設計，希望確切地表達自己的想法。

水象星座（巨蟹、天蠍、雙魚）投入經營的頻道，可能多與身心靈產業有關，或宗教課題、靈異現象、靈魂、宿命觀的探討，或人性、人際關係的深入討論。至於有沒有賺錢，不見得是你們最在乎的事，隨緣也是一種心境的富裕。

對於任何銷售產業來說，直播電商的趨勢早已勢不可擋。火象朋友多會接受並積極融入這個生態；土象朋友則會多方考慮行銷的方式、成本與效益；風象朋友會積極寫出文情並茂的行銷文；水象朋友則以保守模式感性訴求。

其實，因為每個人對於隱私權的態度不一樣，或許還是有很多人更願意保有自己的私領域。所以，能當網紅或直播主的人，有特定的人格特質 —— 風象星座是機會比較大的，尤其是上升雙子或天秤，在鏡頭前分享所知所想，是相當自在的；上升牡羊或獅子的表現欲則是積極推進力。當然，每個人如何做選擇的更細緻考量，還是跟個人的星盤有很大的關係，無法只看上升星座。在此我們先只談總體性現象。

創造美的時尚，各星座有不同的從業角度

　　全民樂當明星，打造形象也就成了重要的功課。有關「美」的事業也是值得關注的趨勢：美妝、美甲、髮型設計、服裝設計、醫美、美容中心，只要跟美有關，都將蓬勃發展。

　　譬如學習化妝這件事的相關知識，在新世紀之初，主要資訊還是依賴日本雜誌；後來流行韓國風，人們還是只能憑藉影視作品土法煉鋼；而今網路上的教學影片已是滿坑滿谷。嫻熟於為客人試妝、推薦產品的美妝品牌櫃姐，可能以不同的互動方式建立服務的價值感：火象的櫃姐會建議客人大膽玩顏色、嘗試新造型；土象則會著眼客人在意的折扣優惠；擅長聊天和察言觀色的風象，從不會忽視客人的職業或需求；水象則會貼心感性地同理勸諭：你要愛自己，青春只有一次。想清楚自己在產業中的角色，希望給人的印象，和最能發揮個性長處的方式，也就是你在這個產業創造財富的關鍵。

　　醫美也是未來的重要發展，相信會有更多專業團隊投入，研發讓人更健康更美麗的產品。然而，再好的產品都需要仰賴宣傳，擴大受眾關注；後續服務也常常是無形中累積品牌支持度與口碑的關鍵。產品、行銷、服務三者缺一不可，只是不同星座重視的順序不同：火象星座的經營管理者會很積極地創新產品；土象的管理者，則會很認真的去做各種規畫執行；風象則會在行銷宣傳的各種事物或溝通、推薦對象間如魚得水；水

象人員則會是最稱職的醫護或檢驗人員，認真為品質把關。理解共事者各自的在意點，建立默契或適當距離，才更可能合作愉快，攜手創造最大的利益。

　　因為獅子座的影響，在未來二十年，「明星」會是各產業中更加不可忽視的關鍵詞。當然，如果把呈現明星的方式、媒介或態度，都視為比喻，那麼或許能連結更多的產業，思索將產品、價值傳達給服務對象時，各星座自己的強項。

　　比方說，火象星座的牡羊座，會大膽嘗試不同的，甚至互相衝突元素的搭配；獅子座本來就長於藝術性與表現力，肯定會是一次五光十色的華麗登場，甚至追求讓人如痴如狂的氛圍；至於射手座，或許會安排表演者從天而降吧。

　　土象星座的金牛座，肯定希望有最完美（但未必是浮誇）的感官效果搭配；處女座則會非常注意細節；摩羯座會力求達到自訂標準，讓大家滿意。

　　風象星座的雙子座，素材一定要是最時尚最夯的元素；天秤座可能會不斷地去詢問他人的看法與感受；水瓶座則可能動員科技元素來打造舞台。

　　水象的巨蟹座，會想要打造讓人感動的氛圍；天蠍座則在意一切運作是否在自己的掌控之下；雙魚座的舞台，可能是最浪漫最夢幻的虛擬世界。

　　真的是千人千面。很有意思吧？

企業的永續方案

我們現在來看看企業。科技和經濟發展所引發的環境資源問題，也會在冥王星水瓶座的階段，引發爭議和矛盾，迸發出解決方案。象徵改變價值觀或金錢觀的天王星金牛座（2018～2026），也成為推動這一波關注的助力。

若把目光放到全球，永續經營概念與碳權（簡單地說是「企業必須對產品的碳排放量付出成本」），可說是大型上市企業授信評等重要項目之一。未來企業若沒有 ESG（E，Environmental，環境保護；S，Social，社會責任；G，governance，公司治理。是一種新型態評估企業的指標）或淨零碳排項目，或沒有使用一定比例的綠店，可能難以獲得貸款；所以，也出現了協助企業規畫 ESG 的顧問公司。

近兩年來，為了積極解決氣候變遷議題，台灣也追隨世界各國宣示追求 2050 年淨零排碳。如此趨勢下，各企業實行節能減碳，各國政府與歐盟計畫對進口貨品課徵碳關稅，儘管還有相當大努力空間，但連結上下游供應鏈已是必然趨勢。

對於資源的重視與危機感，使人們重新體會生命的意義與慈悲，這是呼應冥王星的特質；而利用科技進行調查、交流資訊並串聯各國與企業體、推動平等法規等，則是呼應水瓶座的特質。這些都早在冥王摩羯階段埋下伏筆，此際更明顯地強化了受到重視的程度。或許也可以說，環境的永續課題，從企業

團體（呼應摩羯座）的個別關注與對策研擬，進化到了政府、企業不分彼此，展開連結與合作（呼應水瓶座），面對這個共同與人類命運、共生價值迫切相關的課題。

格局是不是一下子放大許多？在這個課題下，財富不僅是個人所有，更是人類共有，必須一起守護的事物。你不妨嘗試思考，怎樣加入這個極富意義的全球等級「新興產業」？

比方說，對於有電腦資訊背景，正在思考人生跑道的朋友，可以朝這個領域發展，ESG 解決方案所需的人才，可說是多多益善，譬如需要協助企業收集溫室氣體與碳足跡數據，上傳至雲端平台，建立以供查證的資訊庫；需要建置很多資訊系統，例如 ERP 企業資源規畫系統，像是、SCM 供應商管理系統、MES 製造執行系統、WMS 倉儲管理系統……等等。

未來必定會有更多的產業以 ESG 的概念經營管理，對環境友善。我想到英國綠色環保美妝品牌，The Body Shop 美體小舖，在台灣也致力實踐品牌五大理念，包括反對動物實驗、支持社區公平交易、喚醒自覺意識、捍衛人權與保護地球。

而與出版相關的，在歐美有很多老字號紙廠，也早就秉持這樣的態度開發產品。

擴及更廣義的永續與 ESG 相關企業，每個星座付諸行動加入的方式也不同：火象的朋友，會積極去了解這個產業的特色，並讓自己盡快融入；土象朋友則會持續評估自己是否適合；風象則會抓緊時間、收集資料，或找課程上課，或是探聽是否

有認識的朋友可以諮詢;水象的你,更自覺身為地球的一份子,保護地球責無旁貸,能盡一份力量的工作,都是好工作。

我個人觀察,水瓶座元素比較強的朋友,對這一部分的意識是比一般人敏感的。所以當冥王星進入水瓶座的時候,我們每個人對於環保社會議題,都會有更深切的感受。

文化與身心靈產業,更向內探詢生命意義

此外,文化創意產業與身心靈產業,持續成為未來趨勢。

這主要是由於海王星在2025年3月進入進入牡羊座(2026年1月26日才「正式」進入牡羊座),我們可以感受到世代群體意識對精神層面的追求,象徵著宗教、藝術、精神、狂熱氛圍興起。上一輪海王星進入牡羊座是(1861～1874),處於這個時代的人,非常渴望掙脫束縛,將會出現一群執著、理想化、勇於突破舊有傳統、追尋夢想的個人主義者。譬如19世紀許多創造劃時代作品與成就的藝術家、作家,大多活躍於此時,或者是正好出生。而海王星在進入牡羊之前,則有前一階段雙魚座的影響尾聲:著重潛意識、潛能與靈性發展,理想化,敏感且充滿同情心。這些同樣也都跟文化創意產業與身心靈產業有關,不過海王雙魚和海王牡羊這兩個時期顯現的是不同的質感與景觀。

而「文創」之名，在台灣不過二十歲左右，還很年輕，但在許多相關產業，尤其傳統產業，卻為古老的故事或媒介創造了突圍的可能。不過，這些年下來，台灣的文創或所謂文化產業，似乎糾結於某種兩難：有點像一個家族企業，既想堅持日益流失關注的傳統價值，但也期待吸引當代受眾支持、參與，卻不知如何更好地整合、活化成員投入的期待與心力。

　　在廣義（或者定義莫衷一是、多半憑藉自由心證）的文創範疇中，藝術、音樂、影視戲劇……等等，都與前述的獅子座產業相關；因此，進退兩難的困境，也會在冥王星進入水瓶這段期間，有機會逐漸出現曙光，獲得調整的方向，譬如結合數位創作，或是開創流行文化的新景觀與內涵。

　　台灣擁有層次豐富的多元文化活力，以及珍貴的自由特色，雖然目前還比不上歐美的悠久文化底蘊，或日韓的產業能量，但我們的創作者和作品絕對有足夠資格與水準進入全球舞台，不妨再多給自己一點信心。

　　至於身心靈產業，雖然一直讓人有一種不知怎麼深究的矛盾感：追求心境的平和自由，卻少不了透過努力、堅持、規定；提倡簡化欲望，卻始終憑依著對於空間、環境或某些道具、媒介物的執著，且須持續支付一些代價；期望安於獨處，卻難以無視團體關係的依賴與交流。但不可否認的，這種種的追求、期望，以及矛盾，反而恰恰像是宣示了這個產業並不存在期限，隨時都為容易陷於迷茫和怠惰人性的人們，張臂保留可容

身的一隅。這都合乎上面所說，這個產業，既召喚了即將降臨的海王牡羊時期的個人主義狂熱，同時又未完全脫卸海王雙魚向內在精神深處持續走去的影響。

而新時代的身心靈產業，藉由科技與網路工具，將可能更強化水瓶座概念的人與人之間連結以及平等精神，並且藉由學習與經驗分享，想像力的激盪，非常有可能會出現許多從前未曾聽聞的身心靈療癒事業，或占測學問體系，以及難以檢視其專業嚴謹程度的專家（更可能因此增加一些事業體或產品的品質爭議、流派衝突，甚至參與的風險和代價），提供消費者更多元的選擇與幫助。如果對這個產業有興趣，與文創產業相比，或許一開始的加入門檻是相對容易許多的。

投資三年時間，為自己拓展未來道路

這邊要稍微說明，本書之所以關注接下來這三年（2023～2026），因為它代表了冥王星進入水瓶座開啟的新時代迷霧探索期：2023 年 3 月 24 日冥王星「初次」進入水瓶座，中間經歷退行，然後在 2024 年 11 月 20 日「正式」進入水瓶座，連動的影響，就是本書前面提過的，獅子座產業曲線勢必將向上攀升。

另外是 2026 年 1 月 26 日海王星正式進入牡羊座，象徵

宗教狂熱或是為理想奮鬥的氛圍崛起；以及 2026 年 4 月 26 日，天王星正式進入雙子座，代表通訊、交通、人際關係的互動，進入全新升級的科技模式。

這三年之所以稱之為迷茫時期，是因為這三大外行星（天王、海王、冥王），在這三年移宮換位，但不會一步到位，宛如我們路邊停車，總要調整幾次才能把車完全停好。

值得一提的是，天王星在 2025 年 7 月 7 日第一次進入雙子座，屆時天王星將與冥王星在 2026 ～ 2028 年這段期間持續形成三分相位。這意味著一個極富創造力、創新力和生產力的時代即將開啟，未來將以難以想像的方式，進一步改變世界（此際大踏步躍進的 AI，到那時會進展到什麼驚人的程度呢？人類與 AI 的關係，又會有怎樣有意思的互動或拉鋸呢）。

約略可以想像的是，無窮的創造力與想像力，與各種機會的連結，或許會造成更多的選擇困難與焦慮，又或者是因此放棄選擇，隨遇而安，更加活在當下。其實我深深覺得現在的年輕人是最幸福但也是更辛苦的 —— 比起他們的前代，更加無法預測看似由各種嘗試與經驗拼湊起來的人生碎片會組合成什麼樣的未來圖面，將帶自己去到哪裡；他們既因此充滿潛在的不安，但同時也是更具有行動力和自由靈魂的勇者。我只希望他們的勇氣不會太快用完，或是都能及時得到補充。

而且你們並不是對自己一無所知。

因此，當冥王星、海王星與天王星在未來三年完成移宮換

位，火象星座的朋友，會想要去拓展自己更有可能的未來；土象星座會開始規畫自己的人生，建構可能的道路；風象星座應該會積極學習考取證照或學習新知識；水象星座則會找一份相對安定安全的工作為主軸，有餘裕之時則會選擇斜槓收入。

在這三年能量轉換融合的過程之中，我們會經歷很多的衝突矛盾與能量調整；在各星座中，作為冥王水瓶對應心法的獅子座，所在的宮位都不同。也請大家參閱自己的上升星座（為主）或太陽星座的章節，更深入地瞭解未來三年可能面對的狀態。

改革力量＋集體思維：天王星和海王星的影響

天王星和海王星的影響

未來三年，最關鍵的三顆外行星（天王星、海王星、冥王星）的變動，將一起揭開一個嶄新的時代。這三顆外行星，象徵著不同世代的社會影響力：天王星象徵著改革的力量；海王星則是集體的思維模式；而冥王星，更是地球人類的共業的集體意識。

◀ 「創新之旗」天王星 Uranus ▶

2018 年 5 月起停留於金牛座，至 2026 年 4 月進入雙子座

天王星在 1781 年被發現，此刻的天王星正在金牛座，天王星是水瓶座的守護神，代表突破傳統、創新變革的創造力，標新立異，新奇古怪，它所屬的時代具有改變的力量，具有新世代象徵的意義。天王星行運走完黃道十二星座約八十四年，在每個星座停留約七年。

天王星自 2010 座落牡羊座，而這世界也因它悄悄地改變中。在它 2018 年離開牡羊座之前的這段期間，牡羊座的守護星應當有能力執行天王星的信念：人人平等。而天王星也象徵著網路事業與 3C 產品的推陳出新 —— 自 2010 年起智慧型手機風行全球，人們漏夜排隊等待蘋果發表新產品，至今人手一支智慧型手機，徹底顛覆傳統手機市場；而網路無遠弗屆，全世界的人都可以平等地使用它，完全吻合天王星的特質。

當天王星（2018）轉入金牛座，人們的消費習慣與使用金錢的方式開始轉變。BigCoin 比特幣等虛擬貨幣產生，各金融機構導入網際網路操作，我們的價值觀與消費模式，更在 2020 年起這三年的疫情期間，受到宇宙洪荒之力徹底改變，完全倚靠網際網路生活、工作、學習，繼而引起全球對農業、糧食的危機意識。

此時，金牛座對宮的天蠍座，象徵著死亡、神祕以及性愛等相關產業，甚至贈與或遺產產生的稅收，都成為這階段的暴利之所在。殯葬業在過去幾年獲利堪稱世界之冠。加上海王星在雙魚座的效應，網路詐騙難以計數，因而獲得不法之財者，不遑多讓。

由於先前冥王星在 2023 年 3 月入水瓶座之際，已經為我們社會氛圍改變建立了第一塊敲門磚，未來三年的衝撞整合陣痛期，也有機會在 2025 年夏天（**2025 年 7 月 7 日，天王星第一次進入雙子座時，與金星合相並與冥王星成三分相**），社會將因大多數人的創新改革思維倡導，創造美好全新的世界氛圍（**天王星之後會再次退行至金牛座，直到 2026 年 4 月 26 日正式進入雙子座，直到 2033 年 5 月 27 日**），此後更將開啟長達七年的雙子—射手對話：個人與國際間的知識文化交流，另類文字或運用溝通模式創新，宗教開放教條鬆綁等等。

◤「幻想之靈」海王星 Neptune ◢

2011 年 12 月起停留於雙魚座，至 2026 年 1 月進入牡羊座

海王星在 1846 年被發現，是雙魚座的守護星，代表夢想、幻想、冥想的、虛無飄渺，或者是靈性主義。而它的消融能力，代表一個世代或夢想的泡沫幻滅，也代表它在那個情境中昇華自己。它移動速度極為緩慢，每個星座停留約十三年，走完黃道十二星座約一百六十五年。

座落於水瓶座的海王星（1998 年～ 2011 年 12 月）是前一個海王星週期，當水瓶座與海王星結合能量時，為電影、攝影以及多媒體帶來了革命。普羅大眾開始使用手機、MP3、數位相機，以及電腦科技相關產品，將個人作品以網路為平台呈現出來，Youtube、Facebook 臉書也在這段時期崛起。

而值得一提的現象是，具有演藝才華的素人，也透過實境選秀的節目，展現歌唱、舞蹈或其他表演才藝。例如英國選秀節目《British Talent》，台灣的《超級星光大道》，而中國的《中國達人秀》、《加油！好男兒》、《夢想中國》和集大成的《中國好聲音》等節目，更是在圓夢的氛圍中創造出素人成名契機。

當海王星座落在它自己的守護星座（雙魚座）時，更加強烈表現出它的特質。此時人們的同情心與憐憫心強烈地被突顯出來，這是段拋棄小我和自私的期間，或許更進一步地面臨生存危機，需要用更開闊、慈悲的心態去感受世間的悲傷歡喜，從中獲得領悟。

海王星會透過一些事件激發出悲天憫人之心，可能成為擔任義工或志工，奉獻愛心的契機。或者透過健康問題，讓我們更有感於生老病死，進而探討內心深處對生命的擔憂或恐懼。海王星消融了差異性，而慈悲心正是分別心的解方。只是不無諷刺的，詐騙犯罪集團也正好利用這種情感，在此時藉由網際網路科技，獲得不法之財。

海王星將在牡羊座長達十三年（2026 ～ 2039 年），在這期間，大多數的我們，會進入自我覺察，以尋找人生目標；或創造自我價值，追求肯定自我，有機會藉著全方位地服務他人；或為重要的人犧牲奉獻，建立自我定位與價值。

當海王星落在牡羊座時，人們會有很多的想像力、直覺力、創造力等，或成為開疆闢土的創新引領者。但是無論是出於虛榮心，還是滿足自己的欲望，都能用行動力去實現夢想 —— 這段時間會出現很多個人主義較強，能打破傳統、將夢想與行動結合的領袖人物；這段時間出生的孩子，應該是下一個世代的風雲人物。

以時代背景中的重要事件來說，上一輪的海王星在牡羊座，是 1861 到 1875 年。1860 年發生英法聯軍攻打北京；1861 ～ 1865 年，發生美國南北戰爭。這期間也適逢太平天國之亂（1851 ～ 1864 年）尾聲，死亡慘重；以及俄國沙皇廢除奴隸制度。

什麼是占星學，以及行星們的意義

甚麼是占星學？ What is "Astrology"？

Astrology，這個字的語源，Astra 是星星，Logos 是邏輯的意思；簡要地說，占星學，就是星星的邏輯法則。是一套宇宙共通的符號與象徵語言，經過數千年觀察與推演、印證，形成一套歷史悠久、規模宏闊的星象大數據系統。人們進而分析運用，經歷不同的時空與文化背景，發展出各種體系與特色的占星：如埃及占星學、阿拉伯占星學、印度占星學、中國占星學、現代占星學等。

"As above, as below"，「天上如是，人間亦然」，這句來自古代煉金術宇宙觀的智慧話語，用來對照占星學，似乎也十分合適，並充滿想像與自由詮釋空間。占星學 Astrology 與後來分道揚鑣的天文學 Astronomy 其實建立於相同的源頭；它們最初皆來自古人觀察星體，發現行星間的關聯，並提出指涉、命名、分類：天球、黃道、星座與宮位……等，只是占星學更著眼於星象系統的隱祕象徵與意義，如何對應在地球上我們個人與集體的生命生活。

占星學源自人類對天體的觀察，可追溯到西元前 3000 年，美索不達米亞（Mesopotamia）平原的巴比倫文化（Babylonian culture），住在此區域的蘇美人（Sumerian）與阿卡德人（Akkad），是最早擁有「黃道」（Zodiac）概念的民族。

巴比倫人將天球上太陽經過的軌道，畫分為十二個區域，也就是現代十二宮的原型。當時的天球（Celestial sphere），是由太陽、月亮、水星、金星、火星、木星、土星等七顆星體所組成。

西元 1850 年，考古學家亨利雷雅爵士（Austen Henry Layard），在伊拉克北部古城尼尼微（Nineveh），發現「金星書卷」，一套楔形文字的泥板，記載著當時金星的位置與占卜君王健康的描述。西元前一千多年，巴比倫人與波斯人把占星術傳入埃及，而埃及人當時則以觀察天狼星（Sirius）的位置，來預測洪水與尼羅河的漲消，並相信法老王，透過獵戶星座腰帶（Orion）三星中的獵戶ζ（Alnitak）進入永恆的國度。

獵戶座腰帶的三顆亮星，在中國被稱作參宿一、參宿二、參宿三，亦稱為福祿壽三星，參宿一即是壽星。有句俗諺「三星高照，新年來到」，指的正是如果當夜晚 8 點鐘左右看見三星高掛南天，便正值農曆新年到來之時。

現代占星學認為，影響個人最多的是這十顆星體：太陽、月亮、水星、金星、火星、木星、土星、天王星、海王星以及冥王星。

但在 1781 年天王星被發現之前，只有七顆星，在中國稱為七曜，日月水金火木土，掌管了黃道十二星座，除了太陽月亮，其餘五星都守護著兩個星座，直到三王星被發現，天蠍

座、水瓶座、雙魚座才分別被冥王星、天王星、海王星「接管」，也宣告進入了現代占星學的體系。

◆「本我之源」太陽 Sun ◆

大部分的我們，較熟悉的是太陽星座 —— 就是按照出生日，便能知道自己所屬的星座。太陽是恆星，散發著光與能量，是我們生命的力量；太陽所在的星座，則是個人「英雄之旅」方向型態的藍圖，是我們成就自己的模式。這個模式，也跟幼時的我們、父親，或象徵父親的人有關。對女性而言，星盤中的太陽加上火星，不只能描繪出父親的特質，也能顯現出生命重要伴侶或丈夫的特質。

◆「內心之鏡」月亮 Moon ◆

自古以來，有不少的神話，都與月亮女神有關：希臘羅馬神話中的月神黛安娜，是天神宙斯與小三蕾托的女兒，也是太陽神阿波羅的雙生姐姐 —— 阿波羅掌管太陽，黛安娜則掌管月亮。蕾托雖有一對傑出的兒女，仍難逃正宮希拉的追殺。黛安娜因而發下重誓終生貞潔，卻幾番為愛失守。月亮道出我們內心的渴望與需求，也是滿足安全感之所在，並象徵我們在自我安全之餘，支持他人的方式。

◆「溝通之鑰」水星 Mercury ◆

水星是距離太陽最近的行星，在希臘神話中，水星就是天神

赫密斯，祂是阿波羅的同父異母弟弟，傳說一出生就偷了阿波羅一群牛，還把肉煮熟分贈給奧林匹斯山的十二位天神，阿波羅一狀告到父親宙斯那兒，父親不但沒有責備偷竊的兒子，還很欣賞赫密斯三寸不爛之舌的功夫。因此，水星象徵了溝通、機靈、奸巧、善於協商與言行不一，以及消息靈通（如同現代的媒體）或學習初期的模仿等。而大家熟悉的「水逆」（水星退行），則是調整行為與想法，或是反省溝通模式的契機。

◤「愛欲之始」金星 Venus ◢

金星維納斯是愛之女神，代表美麗性感、和諧、藝術，以及永恆的愛情。它象徵著桃花吸引力，金錢享樂與物質喜好，男性愛慕的女性或情人的形象，或是女性在情人前的模樣，是愛與被愛的力量來源。品味與才華也是金星的特質。此外，祂也是財星，是物欲的展現，獲得資源、利益的模式與方法 —— 展現迷人的魅力，更順利地獲取想要的東西，享受生活。

◤「進取之火」火星 Mars ◢

火星代表戰神，脾氣暴躁，缺乏耐心，但祂的熱情、勇氣是戰鬥、競爭的燃料，是突破前進的力量，回應內心渴望和生存本能，鼓舞著我們不怕出醜丟臉，大膽行動，並驅動必要的耐力和意志力。火星生氣勃勃的生育力代表了春天與生機，也象徵原始的欲望與性；對女性而言，象徵喜歡的男子

與征服者原型。火星象徵直覺力，以及主動開創的啟始力，
也代表危險意外或傷害。

◣「信心之舵」木星 Jupiter ◢

木星是太陽系中最大的行星，宛如大汽球般懸浮在宇宙中，
但其實質量驚人，胖胖的身體象徵著樂觀自信。木星同時
也是幸運、富足與信心之所在，代表著希臘神話中的天神宙
斯，多情的祂，四處探險尋歡，幻化成不同生物撩妹留情，
有不少私生子。他狂野放縱卻不負責任的形象，讓木星也承
擔了一些負面能量：自我膨脹的浮誇，過度虛榮，也容易形
成不必要的浪費與鋪張。

◣「責任之尺」土星 Saturn ◢

代表土星的，是宙斯的父親克羅諾斯。在神話中，祂反抗並
閹割自己的父親烏拉諾斯，成立新王朝，卻害怕子女奪位，
就吞下宙斯之外的所有孩子。土星象徵著責任、罪惡感以
及不安全感之所在，以冷漠、嚴肅與保守呈現缺乏自信的
部分，也是威權、地位、紀律的代表。總是以自我壓抑的模
式，面對外在的壓力，所以，也是磨練我們成為達人的一顆
星 —— 為了呈現優質的表現，不間斷地重複練習、積累能
力，從而建立自信心；或築起高牆捍衛疆界。

在未来三年 2023 到 2026

十二星座的財富課題

以心念創造財富

如何調整自身身心、資源，把握機會，做出應對和準備？

　　當天上的星象改變了位置，我們不知不覺中，也受到了影響。當冥王星自摩羯座轉入水瓶座那刻起，我們毀滅重生脫胎換骨的領域，也隨之改變。無獨有偶的，包容無我的海王星以及叛逆分裂的天王星，都隨著冥王星在 2023 年的 3 月份初登場而變化，直到 2026 年 4 月這三大外行星全部完成移宮換位的任務。

　　這些對我們究竟有什麼影響？黑暗毀滅之王搭乘水瓶座火箭，以冰冷理智的方式直擊內心深層欲望，影響我們的感

受、想法，使得一直來秉持的心念受到動搖。不過，自古乾坤陰陽日夜朔望，有光的地方就有陰影，冷漠疏離的水瓶座與（黃道位置）對面熱情慷慨的獅子座形成互補的關係。其提示即是以獅子般的尊貴驕傲光明磊落，迎接毀滅力量，內化外來的衝擊，安定心念，才能將克服紛擾、積攢收穫而累積的豐盛顯化於外，化蛹成蝶，迎向重生的萬丈光芒與榮耀。

這段時間，十二星座各自有其際遇與課題：

◆**熱情似火的牡羊座**，當黑暗國王的火箭來到了你五湖四海的社交圈震撼爆發，你將受到刺激與覺醒，過濾所有朋友、整頓現有的社交圈，與有志一同的盟友共創未來。

◆**討厭改變的金牛座，**重磅級的事業挑戰，排山倒海席捲而來，唯一心法莫過於穩住自己的心性，坦然面對並接受改變。直到柳暗花明又一村，豐盛的生活近在咫尺。

◆**機靈的雙子座，**可能突然受到深度文化或心靈對話的啟迪，一改往昔蜻蜓點水、走馬看花般的學習，以高度真誠熱情與人互動，並前進更深刻的領域。

◆**自我保護意識甚強的巨蟹座**，黑暗國王的力量衝擊內心深層欲望，再釐清真正想求的目標時，將以爆發性力量火力全開，追尋豐盛生命。

◆**尊貴榮耀的獅子座**，毀滅重生的火箭落在配偶或是你在意的人們，你可能赫然發現過去的關係不復存在，或根本與你

想像的有落差。唯有學習放下驕傲與尊嚴，嘗試同理，才有機會重建關係。

◆**心細完美的處女座**，一如既往不曾懈怠的辛勤勞碌，被視而不見或徒勞無功，面臨自信心崩壞、懷疑人生；此時的你須靜下心，反求諸己，思考之前的付出，對方真的想要？還是你自以為是？也需要注意健康。

◆**正義和平的天秤座**，一直以來的驕傲光芒舞台，或自信心所在，受到黑暗國王的火箭衝擊；透過好友們或團體的引導，挹注力量，同時感受到五湖四海的江湖竟是臥虎藏龍。

◆**深不可測的天蠍座**，冥王的毀滅再生力量，震碎你內心深處來自家庭的陰影與恐懼，你仍須盡量以耐心寬容大氣度持續克服挑戰，實現個人領域，逐漸攀登事業高峰。

◆**自信樂觀的射手座**，人際關係或溝通能力受到毀滅性衝擊，曾經的互動模式不再有意義，你只能探尋更深刻的溝通方式，或與自己的內在小孩對話找到答案。有些人會透過宗教或出國朝聖，進一步不淨化心靈，追尋高我。

◆**自律沉穩的摩羯座**，你的價值觀或既有定見律條，都將被黑暗國王的火箭摧毀殆盡；本該如此的，將不再如此。但你必定能透過許多不同的管道整合資源，或聽見不同的聲音想法，重建價值觀或資產。

◆**特立獨行的水瓶座**，超級重生巨星正與你同在，與人群疏離的孤獨冷漠感被強化，獨善其身的模式卻被迫拆解，不得

不藉由他人與他人合作，放下執著與強烈自我意識，取得平衡和諧的中庸之道。

◆**仁慈無私的雙魚座**，黑暗國王的重磅力量，摧毀不實際的想法、幻滅的夢想氾濫的愛心。傷心之餘，腳踏實地工作，務實地規畫日常生活，精彩熱情過好每一天，你會更明確知道，夢想果然需要務實的執行力才能成真。

雖然，僅僅略述十二個星座，是不可能完整且充分地指出身處不同領域的每個人，在未來要面對的情況。但或許，能讓各位喜歡星座的讀者朋友稍微感知、參考，在 2026 年 4 月之前，凡夫俗子的我們所受到宇宙能量什麼樣的牽動、衝擊，並足以影響我們的判斷與決策，有哪些主要的影響面貌；從而提前思索對應的策略或準備。

無論天象運道如何變化，唯有我們自己才能成就未來。心念，尤其是我們通往未來的關鍵力量。斗轉星移的影響給我們挑戰，同時也創造出智慧與力量。唯有相信自己，未來就在你手裡。

上升星座，與第 1 到第 12 宮的意義

我們每個人來到世間都是獨一無二的，在占星學中，會根據出生年月日以及時間，創造出一張屬於每個人自己的出生圖（birth chart），這就代表了個人的小宇宙。

這張屬於個人的「星盤」，會有一些符號、宮位、星座，以及上升點、下降點、天頂以及天底：上升點是出生的那一刻，你所在的地點與東方地平線的交點，上升點所在的星座，就是上升星座；然後會根據上升星座排列出天頂與天底，並據此決定了十二宮位中星辰落入的宮位與度數。因此，上升點是這張出生圖中最重要的點。我們常聽到，「我覺得我很不牡羊」，或是「我完全不像摩羯座」，不符合人們對於太陽星座特質的認知，都是因為上升星座，代表個人外顯的氣質，上升星座也是第 1 宮，代表自我的形象。

就像賓士車，有很多不同型，有 C-Class、S-Class、V-Class，還有 AMG 等許多不同型號，上升星座就像是展現賓士車的型號。

其實人們比較普遍認識的太陽星座，是並未計入出生時間（僅有日期）的統稱，在解讀一個人運勢或流年時，雖然有一些參考價值（加上詢問者或轉述者還會自行想像腦補，或填入自己的詮釋，還可能一廂情願、自由心證地扭曲或拼湊對自己的認識、記憶，或是旁人的說法），但其實無法進行夠精

確和太細節的解析。甚至可能錯謬得相當離譜而不能自知。

本書接下來的部份，將以上升星座的星象解讀為主，分別呈現十二星座在冥王星進入水瓶座這最初三年，與財富有關的課題。讀者朋友可以先查詢自己的上升星座是什麼 —— 奧力個人相當推薦台灣的代表性網站「占星之門」（astrodoor. cc）或國外的 The Art of Astrology（astro.com）；或是其他許多占星主題的網站。只要輸入正確的出生日期、時刻與地點，就可以得知自己的上升星座。不過，如果無法確知自己的出生時間（其實戶政事務所都能輕易查詢，同一座城市可以跨區連線），仍可以使用自己比較熟悉的太陽星座作為參照。

當你知道自己的上升星座，基本的出生星盤就已經完成，這就是你在人世間的宇宙密碼。隨著時間流逝，斗轉星移，天上星辰變化，全體大宇宙的星辰變動，會與你自己的小宇宙產生對應，這也是我們俗稱的流年變化。

因為上升星座是決定十二個宮位重要的時間點，它們象徵我們生命中不同的領域，從第 1 宮代表自己，到第 12 宮象徵過去或內心世界，在我們解讀星盤時，是十分重要的元素。

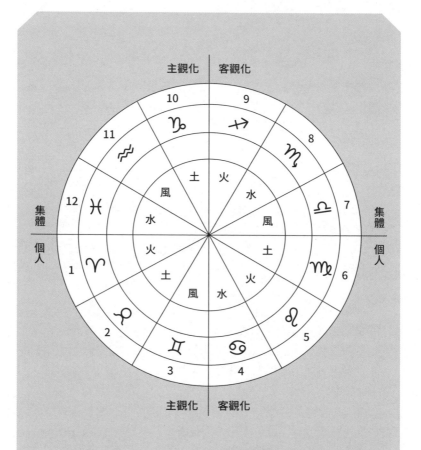

宮位象徵著生命的領域，第 1 宮是我們的上升星座，也就是
代表我們自己。

第 1 宮

（通稱「命宮」）

我、自己

第 2 宮

（通稱財帛宮、物質宮）

我的東西、物質、錢財

第 3 宮

（通稱兄弟宮、溝通宮）

我的手足、同學、鄰居

第 4 宮

（通稱田宅宮、家庭宮）

我的家、家人、祖先

第 5 宮

（通稱子女宮、玩樂宮）

我的愛人、子女，小孩

第 6 宮

（通稱工作宮、奴僕宮）

我的日常生活、
工作與健康

第 7 宮

（通稱夫妻宮、非我宮）

我的配偶、親密愛人，
合作夥伴

第 8 宮

（通稱疾厄宮、資源宮）

我的欲望、偏財、資源

第 9 宮

（通稱遷移宮、文化宮）

我的高我、宗教靈魂、
高深的學問

第 10 宮

（通稱事業宮、官祿宮）

我的社會地位、成就、
目標與責任

第 11 宮

（通稱福德宮、朋友宮）

我的志同道合盟友、網友

第 12 宮

（通稱玄祕宮、心靈宮）

我的過去世、因果對象、
心靈導師

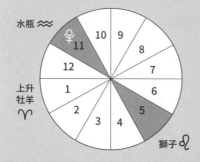

上升牡羊座作為第 1 宮時，當冥王星在水瓶座，此時是 11 宮。水瓶座的對宮是（作為應對冥王水瓶心法的）獅子座，此時則在第 5 宮。

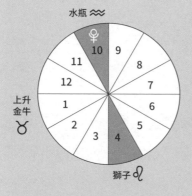

上升金牛座作為第 1 宮時，當冥王星在水瓶座，此時是 10 宮。水瓶座的對宮獅子座，此時則在第 4 宮。

上升雙子座作為第 1 宮時，當冥王星在水瓶座，此時是 9 宮。水瓶座的對宮獅子座，此時則在第 3 宮。

在圖面上，1 到 12 的宮位位置是固定的，因上升星座即代表 1 宮，因此各星座會依順時針方向移動位置，連結對應的宮位數字。其餘星座的冥王星位置，則可據此類推。例如，上升巨蟹座作為第 1 宮時，冥王水瓶在第 8 宮，獅子座在第 2 宮。或是上升處女座作為第 1 宮時，冥王水瓶在第 6 宮，獅子座在第 12 宮。冥王星與獅子座在 1 到 12 各宮位的意義，於本書各星座的章節中都有描述。

2023.3 到 2026.4
給十二星座的財富機運與風險提醒

牡羊｜金牛｜雙子｜巨蟹｜獅子｜處女
天秤｜天蠍｜射手｜摩羯｜水瓶｜雙魚

牡羊

守護星火星，火象星座。基本特質。
代表星座的圖像是衝撞的公羊。

上升牡羊座

通常具有充滿自信和積極進取的形象，這讓一個人顯得勇敢、熱情，具有
領導才能和進取心，對自己和周圍的事物都有很高的期望值。baby face
的外表，給人純真可愛的印象。不過，少年時期較為辛苦，承擔重責。

太陽牡羊座　3.21──4.20

黃道帶上的第一個星座。有熱情、積極、好奇、直接、冒險、直率、堅定
等特質。喜歡迅速行動，果斷決策。有強烈的行動力和創造力。可能很容
易受到挑戰的驅使，對勝利充滿熱情。領導和決策能力卓越，善於開啟、
推動事情的進展。通常喜歡追求刺激，探索新事物；有著強烈競爭心和獲
勝欲望，樂於成為領袖和引領潮流的人物。

對牡羊座的提醒

I. 牡羊座 2023.3 ～ 2026.4 三年間財富總運勢

未來三年，上升牡羊座的你，將要面對：

★★★**創造財富的根本**：天道酬勤，原就是勞謙君子的你，會以努力接受新知、提升專業，作為吸金的本事。
★★★**對你來說，你最重要的是**：人際重整，脫胎換骨。透過團體不可動搖的信念，粉碎自我疆界，超越小我，完成夢想。
★★★**你的課題**：找到適合自己理念與價值觀的朋友，提升自己的價值。或改革現有的制度架構，導入與時俱進的科技，強化組織學習。

牡羊座的基本財富觀

許多人可能以為，天性大膽、直率的牡羊，對錢的概念也是大刺刺的。其實不然，上升牡羊小時候的家境資源有可能比較受限，很明白一切的可貴，不會輕率冒險；所以對金錢投資或價值觀，相對保守謹慎；可能會選擇定存、買保險或不動產，

來作為理財的安全模式。白手起家後累積的資產，通常也傾向謹慎處理，掌握在自己的手中。

牡羊座在 2023.3 ～ 2026.4 ── 哪些產業的情況比較好？

以未來二十年（冥王星在水瓶座期間）整體大趨勢來說，不妨以獅子座產業作為目標，也就是運動娛樂、明星經紀、兒童寵物、藝術珠寶古董、美麗事業、文創寫作、戲劇舞蹈音樂、旅遊渡假、手遊電玩、主題樂園、形象設計等等。

若目前對這些沒興趣，或尚未決定，這三年可以考慮投資理財金融或股票市場，建議參考上述產業。產業部分，土地與不動產可考慮；如果對園藝或花藝有興趣，也是佳選。

上升牡羊座的朋友，無論在哪個產業，只要以獅子座的熱誠溫暖應對 ── 如果能轉換到上述的獅子座相關產業當然更理想，只是未必能輕易實現 ── 展現創意與行動力，讓一成不變的例行工作多點樂趣，更具效率，或貼心的尊榮服務，以你勤奮不懈的天性，財富能量的流動一定會豐盛你的生命。

十分幸運的，超級幸運之星木星，自 2023 年 5 月 17 日到 2024 年 5 月 26 日，都停留在牡羊座的財帛宮。所以，你如果從事不動產、珠寶、藝術品、美食餐飲等產業，或適當地投資，都會有不錯的收入，也是為未來打基礎。

2024 年 5 月 27 日起，流年木星轉入雙子座，之前的收入或投資多已儲蓄起來，正好開始投資自己，學習新技能或新

知，或升級配備，提升賺錢的能力。新的階段，旅遊業、補教業、貿易交通物流等等，都是牡羊可參考的業別。

另外，流年木星在雙子座，也意味著，無論是在哪個業別，網路肯定就是關鍵媒介；如果你的技能強項是文字、影片、畫面或課程，那麼活用網路，結合上面提到的獅子座產業，將有無可限量的發揮空間。反過來說，你的積極投入，也可能在未來重新定義、創造那些產業的不可思議風景，甚至運作機制。世界之大無奇不有，早已有網美利用 AI，打造無數虛擬的自己，成為頻道會員們的女友，賺入大把鈔票。創造財富的模式早已脫離傳統認知，多元斜槓處處可見。

當流年木星在 2025 年 6 月 10 日進入巨蟹座，你的存款指數會直線上升，財庫飽滿 —— 因為上升牡羊座是勤奮不懈的，會腳踏實地去賺每一塊錢，上天不會虧待你的。

II、牡羊座 2023.3 ～ 2026.4 財富課題／機會／風險

財富的課題與機會（一）：人際關係／團體／志同道合的夥伴

2023 年，冥王星進入水瓶座，對太陽或上升星座在牡羊座的朋友，此時冥王星的位置是在你的 11 宮。

（11 宮，風象，固定性質，對應星座水瓶座，對應星天王星、土星）

11 宮，就是傳說中的「福德宮」。翻譯成現代白話文，指的就是五湖四海的各類型朋友，或志同道合的盟友，或有共同信仰、信念、興趣所組成的團體；也代表個人在教育體系外結識朋友的地方。不論是各種同好交流的讀書會、粉絲團、朋友間的飯團、公益組織、宗教團契，名流圈、運動社群、公司集團，政黨團體乃至派系等等，都是 11 宮群體之所在。

　　網際網路更將擴大其能量，或連結全世界的興趣同好（比方說，粉絲團體就很可能發展成跨國規模的交流和連結），或發起有著共同關注、信念的社會運動。而且因為人脈資源的串聯整合——尤其是那些未必是生死知己，僅是擦肩而過，卻能相知相惜的朋友——更增幅對於彼此的深層影響力。

　　那都是牡羊座在未來三年最有機會活躍其中的人群、人際關係「江湖」，同時也是重新盤整人生價值觀的場域，在超越小我的認同中，嘗試成為格局更大，也與他人連結的人，圓滿更具意義的人生。

　　其實對牡羊座而言，反覆思考後，嘗試迥然不同領域的團體，無論是藉由團體而重生，或犧牲奉獻於團體，都是牡羊座這幾年的重頭戲。這段期間，可能結識志同道合的朋友，有機會拓展業務，異業聯盟，手足同學也會是相助的貴人。

　　其實，牡羊座朋友比較習慣獨來獨往，不太善於團隊合作，多數喜歡也習慣獨立作業，所以藉由團體改變自我，對牡羊是很大的自我跨度——為了更好的未來，不得不做調整。

例如，一位數位游牧工作者，可能當了兩三年的網紅網美，但題材需要創新，則須有不同議題，或與其他頻道主合作，只是自己不再是鏡頭前唯一主角，甚至跨足的是陌生的領域；但為了創造更多流量，就必須調整自己，配合新團隊的安排。

財富的課題與機會（二）：公司機構／股票／活用 AI

　　11 宮對個人而言，除了象徵團體、社團或協會，也代表公司機構，或者是自己財富累積之所在。股票市場也在 11 宮。

　　當冥王水瓶在牡羊座的 11 宮時，牡羊會不自覺地想要有所突破，尤其在歷經疫情後，此刻的天王星仍在牡羊的財帛宮，牡羊的人生價值觀或是社交活動，或是財源，都將因個人的覺知，產生一股無法抗拒的「自我改變」念頭。

　　若你是公司或團體的負責人，此刻會想要有所改革，並付諸行動，以因應過去的僵化，創造更好的收益。可能你會調整組織架構、開發新項目，或創建新的遠程目標。

　　而這也緊密呼應著外在環境 —— 三年疫情的磨難中，世界幾乎換了全新樣貌。未來無可限量的 AI 應用領域儼然成為世界主流，無遠弗屆，可以輕易跨國跨境，打破藩籬，與此相關的各產業市場，絕對會有難以忽視的改變。

　　若你是數位原住民，可以考慮透過 AI 建立自己的新領域，甚至成為 AI 溝通師。人工智慧提供強大的資訊服務，對想要改革組織的牡羊來說，是不容小覷的重要助力。

財富的課題與機會（三）：娛樂／藝術／幸福／創意產業

關鍵時間點：2024年11月20日，冥王星「正式」進入水瓶座，直到2044年。人類開始新的篇章，冥王水瓶的財富曲線正式啟動。

水瓶座對宮的獅子座，此刻正在牡羊的第5宮（子女宮、玩樂宮），獅子座本來就是黃道第5宮，與牡羊座同是火象星座，所以，獅子座相關的產業，對上升牡羊的朋友而言，是無比讓人興奮的。

獅子座代表著娛樂、愛情、浪漫、幸福、孩子、運動、明星、骨董、珠寶、戲劇、音樂、藝術、時尚、寵物、客製化……等讓人開心愉悅的產業，也包括夜店、酒吧、KTV等。

或是以休閒遊憩、感官刺激、度假為主的產業，像是旅遊、主題公園、遊樂場、電子遊戲、電影……等休閒文化產業，仍是未來主流。它們或者提供探索陌生文化、體驗異國風情的機會，在享受娛樂、放鬆身心的同時拓寬視野，或讓消費者藉由與虛擬世界和故事情節互動，召喚快感，沉浸其中。

牡羊座的朋友，面對獅子座產業，會充滿衝勁，想要將自己所學全部表現出來。若是在運動產業，你會熱情提供意見，幫助會員超越他們預期的目標；若在影劇產業，你會有更多大膽構想或新穎題材想嘗試；若是在主題樂園，你必定會有很多與遊客互動的有趣點子，為他們留下美好回憶。

風險提醒

11 宮，在占星學上，也對應著水瓶座，以及水瓶座的守護星們 —— 土星、天王星。這也指涉了未來二十年，牡羊座的生命將更有所體悟之處。

其中土星象徵透過團體，尋找更多認同，以堅定自我的信念、感受、安全與自在感，創造更大的智慧與利益價值。

所以，當代表破壞力量的冥王星，來到這個位置，我們的疆界，有可能損壞或受到挑戰，不得不改變調整。比如說出現了某個問題，你必須離開這個團體；或者得調整自己，以便在團體中更自在；又或者，這個團體根本就瓦解了，需要重組。這些都是有可能的。

此時有機會出現革命情感的友誼，也有機會排除不合適的人員，大地震般的整頓，會在不同階段讓你審視交友圈，也審視自己的初心。

不過，上升牡羊座仍須謹慎交友（包括合作夥伴）—— 不是交到壞朋友，你沒那麼傻；而是某個團體信念會誤導觀念偏差，卻難以自知。這必須時時自我提醒。

此外，牡羊座的金錢價值觀是謹慎的，卻容易被朋友情義所動，這部分務必加倍留意。

小結

2023 年 3 月 24 日，自冥王星第一次移宮換位到水瓶座，

到 2026 年 4 月 26 日天王星正式進入雙子座，這長達三年的過渡期，牡羊座朋友，從起心動念在自己的盟友、公司、團體、領域中改變創新，在不同時期受到挫敗，隨之調整改變，幾經起伏，最終在 2026 年 4 月之後，確定方向，朝著展現自我的心法前去 —— 彷彿唐三藏的取經團隊，藉助夥伴們的力量，斬妖除魔，終於完成任務，雖然翻譯經文將是另一個開始，但那段動魄驚心、充滿故事的冒險跋涉，終會告一段落。

III、牡羊座 2023.3 ～ 2026.4 三年間，各年財富重點

2023 ～ 2024

天道酬勤，牡羊座勤勉不懈怠，理智投資理財，為自己設立財富目標而努力。餘裕之際，投資自己，提升專業級數，或多元專業證照，開拓更多潛力，增加存款數目。

2024 ～ 2025

有機會購置不動產或換屋。有些朋友會對家人付出很多，錢財是流動的，給得愈多，就得到愈多，會因為家人或家事，轉換財富能量；當你以最大善念付出，上天就會回報更多。

2025～2026

　　所有投資理財訊息管道，都務必確認真實後再做決定。朋友或公司，都會是主要資源之所在，有些花費或設備升級，可能無可避免，「開源節流」會是這一年的主軸。

金牛

守護星金星，土象星座。固定特質。
星座圖像是溫和的公牛。

上升金牛座

通常會給人耐心、務實、穩重、冷靜等印象。出色的藝術、音樂和收藏品
味，也意味著對生活品質、物質享受和財富有著較高的追求。有著健康自
然、吸引人的外表。喜歡寧靜、舒適的環境，重視居家生活品質。

太陽金牛座 4.21──5.20

黃道帶上的第二個星座。具有堅定、實際、固執、慢熱等特質，不喜歡變
化，注重物質與財務安全感，珍惜所擁有的東西。重視友誼和關係，喜歡
與親密的人一起分享喜好和興趣。

對金牛座的提醒

I、金牛座 2023.3 ～ 2026.4 三年間財富總運勢分析

未來三年，（上升）金牛座的你，將要面對：

★★★**創造財富的根本**：專業工作領域精益求精，臻於完美。相信直覺，掌握這三年的好運勢，乘風而上。

★★★**對你來說，最重要的，是**：正面迎擊，金錢權力。越挫越勇，百屈不撓，只為了達到一萬次後練習的完美，苦其心志的血淚將帶來生命的美好回贈。

★★★**你的課題**：無法躲避的挑戰出現時，放寬心面對、接受它，上天只想讓你更好，激發潛能，散發能量；無論事業或課業，打開眼界，練習接受新事物新方法、全然不同的價值觀，創造更出色的豐盛。

金牛座的基本財富觀

總是讓人誤以為很小氣的金牛座，其實對金錢的運用是很靈活的，擁有將錢花在刀口上的智慧，也能在收集很多資訊後投資各種產業。你通常財富狀況不會太差，習慣用好的吃好

的；一旦判讀出值得投資的對象，就會義無反顧。上升金牛天生帶財，投資理財的回報率都可以符合或超出預期。

金牛座在 2023.3 ～ 2026.4──哪些產業的情況比較好？

上升金牛座的朋友，事業宮就是水瓶座，多會以與眾不同的事業模式，或獨樹一格的職業風格，贏得社會地位。對於財富與金錢觀，有自己一套見解，當冥王星落在你的事業與職涯領域，也意味著顛覆過去慣有的經營模式或價值觀。

對平常的工作總是要求完美，能做到 90 分絕對不會以 85 分妥協，你會更努力做到 95 分，100 分。偏財運一向不錯，所以你付出的努力，通常會獲得獎金紅利，或禮物回饋。

如果你是一位電商或直銷的超級業務員，你會發現遇見瓶頸，過去的行銷或領導模式似乎不再奏效，可能需要更深入學習產品資訊，或更勤勞地拜訪客戶，甚至需要讓利或提供更多優惠給你的團隊，才有辦法維持業績；或許，可以考慮嘗試不同類型產品，或以現有團隊經營不同品牌。

若是餐飲業，或許可考慮複合式經營，讓數種產業交會合作，創造嶄新的消費體驗。不過，向來不愛出風頭的你，可能也需要調整，主動讓大眾看到你的餐廳或商品。

當流年木星在 2023 年 5 月 17 日進入金牛座，你的人生充滿了賺錢創意，無論是升級現有的事業或是與他人合作，都很有好的點子；但也必須避免自我感覺良好，大意忽略細節。當

2024 年 5 月 26 日，流年木星進入雙子座，也就是上升金牛的正財所在，你會因為過去一年對於經營組織或對外表現的方式改變而有所獲，旅遊交通、行銷媒體、經紀人或各類貿易都很適合。到了 2025 年 6 月 10 日，流年木星轉入巨蟹座，這是你可以慎重考慮投資的時刻：以女性、家庭為主的消費群產業，土地不動產或居家環境設計裝潢等，都值得考慮。

II、金牛座 2023.3 ～ 2026.4 財富課題／機會／風險

財富的課題與機會（一）：公益／創新科技／社會議題

當 2023 年，冥王星進入水瓶座，對太陽或上升星座在金牛座的朋友，此時冥王星的位置是在你的 10 宮。

（10 宮，土象，基本性質，對應星摩羯座，對應星土星）

占星學中的第 10 宮，也被稱為「事業宮」或「命運宮」，代表一個人的社會地位、職業、事業、成就和目標等。這個宮位通常與職業和事業的問題有關，包括職業選擇、工作機會、工作環境、職涯規畫、事業發展等。

第 10 宮的守護星是土星，意味著與土星的能量相關，例如：努力、責任、耐力、成就、壓力等。

當冥王水瓶轉入金牛座的事業宮時，意味著你在職業和事業方面具有創新、獨立思考、富有洞見的特質。職場中，可能

會有一種強烈的競爭意識，並希望通過獨特的思維方式展現個人風格；或是激發強烈的求知欲望，希望不斷地學習和發展自己的技能，從而實現自己的職涯目標。這也恰好呼應了代表獨立、創新的水瓶座特質，並得到強化。

此外，水瓶座也強調團隊合作和社會責任，這意味著你可能在一些關注社會公益和創新科技的行業中，表現出色；或對於改善社會問題、推動人類進步和維護人權等議題，表現出濃厚興趣。你可能會追求一個能夠實現自己創新想法和獨立思考，並且能夠對社會產生積極影響的工作。

當冥王水瓶在金牛座的第 10 宮，可能帶來一些影響，例如，你的職業生涯可能經歷重大轉變，需要經歷一些衝擊和困難，才能獲得成功。而冥王星關於轉化、深度、權力和掌控力的能量和影響力，會讓你在職業和事業方面更加專注、強勢、有決心，但同時帶來壓力、挑戰和變革 —— 這都與你希望追求事業上成就的強烈企圖心密切相關。

這三年事業上停滯和被打壓的感受逐漸過去，可望在新階段奠定地基，並有助於確立社會形象，建立長期事業方向。尤其今年（2023）是你打基礎的年份，事業上可能接觸到某些理念、團隊、人群，接下去會長期合作。你會接觸到更多社會責任，團體利益；有些人會晉升管理層。

財富的課題與機會（二）：持續學習／結合團隊與人脈

當冥王水瓶在轉入金牛座的事業宮，可說是拉開了大富大貴、成就大事業的帷幕。這是因為木星牡羊正在第 12 宮（玄祕宮），驅動你發揮無限潛能與智慧，並且落實執行；同時土星也在五湖四海的第 11 宮（福德宮），整體來說，就是你帶領一群跟你有同樣遠大目標的人，運用智慧，結合資源人脈攜手跨界，完成你的理想。

當然，此刻也要看你的事業宮中有哪些星，與冥王星產生連結，顯化其特質。但無論如何，冥王星在你事業宮的此際，此時會出現重磅級的目標，也伴隨著深度的轉變能量，需要不斷地學習和努力，才能在職涯中具體實現。

如果你是公司的負責人或經營管理者，會意識到正肩負神聖使命，無論是公司裡因應改革的調整，或者近中遠程事業目標的修訂，都將付出很大心力與團隊集思廣益 —— 此時尤其要學習與團隊、他人一起前進，才能不被輕易擊潰。

若還在求學，可能痛定思痛，認真鑽研不拿手的科目，直到弄懂；當你練習一萬次，展現匠人情操，就極有機會成為某學科翹楚。

事業宮的本質來自土星，也是我們對外呈現自己的所在，土星就是要把你打造成與眾不同，以最優秀的面貌呈現自我，過程絕不會是輕鬆的。

對將屆退休或已退休的你，無論坦率迎接人生下半場，

或華麗轉身開創新人生，在這段時期，你會想選擇某個學習項目，或追求某種理念，動員人脈與影響力，實現目標。例如，前國防部發言人羅紹和將軍，光榮退伍之後，加入安德烈食物銀行擔任執行長，號召更多人來支持這個值得永續經營的公益計畫。你也可以有自己的獨特方式，愛護我們的社會與地球。

財富的課題與機會（三）：旅遊／居家／房產／日常生活服務

關鍵時間點：2024 年 11 月 20 日，冥王星正式進入水瓶座，直到 2044 年。人類新篇開始，冥王水瓶財富曲線正式啟動。

水瓶座的對宮是獅子座，金牛座財富之所在落則在第 4 宮，象徵家庭、房屋、土地、骨董及女性，所以只要與第 4 宮或巨蟹座有關的產業，都是金牛座除了獅子座產業之外，在未來二十年致富所在。

與巨蟹座相關的產業，包括飲食、旅遊、居家裝修、婚禮、寵物養護等。比如在飲食方面，樂於享受美食，喜歡在家中烹飪，和家人或朋友共享食物。在旅遊方面，傾向選擇舒適安全、環境優美的目的地，與家人或朋友相偕出遊。

上述產業，例如居家裝修，巨蟹座代表的，是關注家庭氛圍和舒適度，會特別注重細節和舒適性。在婚禮方面，傾向於將婚禮看作重要的家庭聚會，注重氛圍和家人參與。

第 4 宮也代表家庭、房屋與土地。像是自住為主、非投資型態的房地產不動產，或是渡假勝地的不動產，或以小朋友或

女性為主題的居家裝潢或用品等等，都可關注。大老闆們若有機會，政府機關的公共建設標案或土地開發案，都可考慮。想創業開咖啡廳的朋友，可考慮尋找老房子營造懷舊氛圍。

以家庭為主要消費的產業，包括許多日常生活必需品和服務，例如食品、衣物、住房、家具、家電、醫療保健、教育和娛樂等 —— 它們都是現代經濟體系中，相當重要的基礎角色，其發展和營運，不僅影響家庭成員的生活品質，也是整個社會和經濟的發展指標。金牛座朋友可以依據自己所在的產業，導入人工智慧或是必要改革，創造更大的價值。

風險提醒

由於水瓶座的特質影響，可能讓金牛座的你在與他人合作時，出現一些課題，例如在尊重他人觀點和與團隊溝通上，須付出更多努力。

另方面，冥王星此刻進入金牛座的第 10 宮，在占星學中被視為一個人的事業和職業方面的關鍵宮位，而代表著深度轉化和改變的冥王星，可能帶來一些挑戰和危機，但同時也能帶來巨大的成長和轉變。

這個階段的轉變，可能會直接關係到職涯和社會地位，也許會經歷一些劇烈的變化和轉型。而你的課題，正是學習適應它們，並在其中找到新的機會和出路。

同時，冥王星的能量，也意味著你需要學會掌握權力、領

導力和影響力，並在職場發揮出來。在此也須注意，有可能會伴隨一些負面效應，例如強勢、掌控欲、嫉妒心理和壓力等。需要學會平衡權力和處理這些負面表現，尊重他人的觀點。

你在職場上的重要性增加，但也不免感覺到職場上的權力分布變化，以及權力鬥爭和競爭。可能迎來人際圈的洗牌，有些朋友、客戶、人脈可能汰舊換新，逐漸淡出圈子。社交方面，你更敏感於人際關係中的言行不一，沉痾已久的問題浮上檯面；你也會因而開始看清誰是盟友，誰是對手。這個過程中，會感覺內心迷茫，缺乏安全感；或是感覺難以被理解，或未能及時得到助力。因此適合自得其樂，以自身目標為重，明哲保身。如此會感覺生活各方面將逐漸變好。

改變調整，對金牛座不是件很容易的事。尤其是習慣根深蒂固的獲利方法或經營模式，你不撞南牆不回頭的固執，需要設置停損點。並不是說過去習慣的方法不好，而是當運勢不利於我們時，順應因緣適當地調整，才能讓自己更好。

小結

2023 年 3 月 24 日，自冥王星第一次移宮換位到水瓶座，到天王星在 2026 年 4 月 26 日正式進入雙子座，這長達三年的過渡期，金牛座朋友，起心動念在自己的心境、事業甚至舒適圈嘗試改變，可能是創新組織架構或運作模式，或是工作、課業上被迫調整而接受挑戰，對於本質排斥改變的金牛而言，都

不容易。但這些改變、調整所帶來的，不論是更確立目標方向或展現自我，自己無非是最大的受益者。

III. 金牛座 2023.3 ～ 2026.4 三年間，各年財富重點

2023 ～ 2024

賺錢創意不斷，調整步伐，以更多元的模式經營既有事業，工作上學習跨領域不同專才，獲得讚賞與獎勵。無論在哪個產業，學習型組織經營模式，都會讓你獲得肯定與財富。

2024 ～ 2025

從心出發，接受不同領域挑戰之餘，也看到天生帶財的自己，其實不過是換個新方法新領域賺錢罷了。用文字或多媒體或口耳相傳行銷自家產品，將帶來不錯的獲利，建議考慮以女性或家庭消費為主的產品產業。

2025 ～ 2026

除了女性家庭產業外，不動產或買賣房屋，居家設計、家具燈飾，只要跟美化居家環境有關，都會讓你如魚得水。美容美體美妝，讓女人想更美更吸引人的產業，都是你的財源。

雙子

守護星水星，風象星座。變動特質，
星座圖像是雙胞胎。

上升雙子座

通常會表現出機智、反應迅速、對各種領域或新鮮事物感興趣、善於溝通、
應對得體等特質。對周遭事物常充滿探究欲望，也善於表達。外表通常會
顯得比較年輕，有時候會顯得略為神經質，但同時也很有趣。他們喜歡不
斷地學習新的知識和技能，很容易就和別人打成一片。

太陽雙子座 5.21──6.21

黃道帶上的第三個星座。雙子座的人通常聰明、好奇、善於溝通、具有多
樣性和靈活性。可能容易分心、同時關注多項事務和缺乏決斷力；但豐沛
的活力和聰明才智，使你們成為很多人心目中的佼佼者。

對雙子座的提醒

I、雙子座 2023.3 ～ 2026.4 三年間財富總運勢分析

未來三年，（上升）雙子座的你，將要面對：

★★★創造財富的根本：一步一腳印深層學習，深入專業領域，聰明機靈長袖善舞的你，勤懇真心待人接物。

★★★對你來說，最重要的，是：自我期許，迎刃而上。與人工智慧深度對話，所有的不可能都有可能。

★★★你的課題：行萬里路讀萬卷書，無法再敷衍了事，向下扎根，以嚴謹深刻的學習面對人生。

雙子座的基本財富觀

多變靈活的雙子座，對於金錢的不安全感，讓他們不斷追尋賺錢的渠道。典型身上沒有錢就沒有安全感的類型。上升雙子對金錢是很精明的，一塊錢當好幾塊用，嫻熟於掌控日常例行支出。對於人情世故，多有自己的一套應付邏輯與謀算。

雙子座在 2023.3 ～ 2026.4 —— 那些產業的情況比較好？

上升雙子座喜歡儲蓄，穩定投資理財，像是基金、定存或不動產，愈穩定愈有安全感，與生俱來在這些方面相對保守。那麼，你該如何在快速時代變動中，找到適合的產業呢？

首先，雙子一向機靈、應變能力強，行銷推廣、旅遊交通、文字媒體、補教文化，都很適合。線上的才藝教學或者作品分享推廣，如今都是基本配備。雙子座的強項是行銷，不論是跟客戶或上下游產業互動，都能輕易應對。因此，消費者需要推薦介紹，或需要靈活思路溝通應變的產業，都屬於你們的領域。當然，也很適合當老師或發言的工作。

深化、豐富你們的行銷語言，提高產品形象，都有助於業績，對你來說，產業別不是問題，在了解產品或業務後，自會有一套銷售自己與產品的模式，這是天生的過人之處。

2024 年 5 月 27 日，流年木星進入雙子座，將可能忙於奔波與會議，若你正在熱門產業，像資訊電腦、觀光旅遊、移民留學、文化教育、傳播媒體等產業，恐怕會忙碌到無法好好休息。但存下來的積蓄，你也會很安全務實地處理，像是房子的頭期款，或購買穩定的基金等。

接下來 2025 年 6 月 10 日，流年木星進入巨蟹座，是雙子座的正財位置，之前購買的不動產，有機會大賺一筆。以女性或家庭為主要消費群，或與美相關的產業，文化、文創或是手作等相關產業，也都很適合上升雙子座。

II、雙子座 2023.3 ～ 2026.4 財富課題／機會／風險

財富的課題與機會（一）：精神探索／宗教文化

當 2023 年，冥王星進入水瓶座，對太陽或上升星座在雙子座的朋友，此時冥王星的位置是在你的 9 宮。

（9 宮，火象，變動性質，對應星座射手座，對應星木星）

冥王星在第 9 宮（遷移宮、文化宮），被解讀為一種深度、轉化和重生的力量，對於宗教、哲學、文化、道德和精神信仰等方面的轉型和顯化，有一定的影響力。第九宮是神性的宮位，與神性關聯的地方，也象徵人類自人格提升至神格的地方，跨越層次增廣見聞，通往智慧大道，提升自我價值。

這個位置，代表需要通過深度思考和內省，來實現精神成長和發展；也象徵著追求真理、高層次意義的渴望和動力。

而第 9 宮對應的射手座，則代表著探索、冒險、智慧和哲學，加上冥王星的深度轉化力量，可能會促進個人在宗教、哲學、文化、道德和信仰等方面的轉型和轉化，並有助於理解自身的精神和價值觀，實現更高層次的人生成長。

心念創造豐盛。上升雙子座的問題是很多想法流於表面，若能藉由冥王星的毀滅重生力量，創造提升心靈的契機，以財富能量推動心念流通，成為別人的貴人或成就他人，這些善念善舉，宇宙最終都會讓它們更好地回歸到你身上。

財富的課題與機會（二）：學習／觀光旅行

　　射手座通常被解讀為具有冒險精神、樂觀主義和追求自由的星座。當冥王星在第9宮對應的射手座位置，就代表著一種探索、發現新事物或新領域的強烈力量。這也象徵顛覆和改革的力量，有助於推動社會和各種精神文化的轉型和變革。

　　冥王水瓶落在雙子座的第9宮，水瓶座對面的獅子座則落在第3宮（兄弟宮、溝通宮）── 而這裡原本就是雙子座的黃道位置。所以，雙子座的朋友，更須強烈地表現自己的學習、溝通、文字等特質，將有亮眼表現。而各種天馬行空想法，因應著高端人工智慧，特別是當2026年4月超級創新巨星天王星來到雙子座，所有的不可能都將是可能的。

　　這段期間，雙子座可能比其他星座更忙碌於出國旅遊、洽談商務，也可能遊學，甚至移民；只要出國，基本上做什麼都很好。此時最興旺的莫過於旅遊業，若你的業別與旅行觀光無關，也不妨以此為投資對象。

　　對於上升雙子座，在未來二十年的獅子座產業中，你所扮演的最佳角色，莫過於發揮出色的人際關係，以及文字媒體行銷的本領。獅子座產業包羅萬象，以上升雙子座的口才與應變能力，能深刻鮮活地介紹產品，業績長紅肯定是家常便飯。加上你們驚人的儲蓄能力，擁有數間房子當包租公包租婆不是問題。

財富的課題與機會（三）：教育／身心靈／傳媒

關鍵時間點：2024年11月20日，冥王星正式進入水瓶座，直到2044年。人類開始新的篇章，冥王水瓶的財富曲線正式啟動。

水瓶座的對宮是獅子座，雙子座財富之所在落在第3宮（兄弟宮、溝通宮），正是雙子座的黃道位置。所以，不妨強化現有的根基，向上延展。

如果你從事教育事業，有機會開發更多科目，或是以創新教學模式，吸引更多需要幫助的同學；若是語言學校，可考慮增加多國語言，或新穎的方式刺激學習欲望。

若是上班族，可充實自己的多元證照，或與團隊激盪創新想法。友好的人際關係，是重要的致富管道，但須避免目的性過高的互動。小心來路不明的小道消息。

此外，對身心靈有興趣的雙子朋友，也將致力於學習相關知識，或透過身體力行的方式，感受並提升心靈層次。

有些人可能會跟兄弟姊妹或鄰居好友一起創業，或參加活動。如果你是AI原住民，天賦異稟的你，有機會成為人工智慧溝通師，將你的創意與溝通能力在科技產品上發揮到極致。

第3宮也象徵了傳媒行業（如電視、廣播、報紙、雜誌等），只要需要人們大量接觸與溝通的產業，雙子朋友都很適合，也可以跟前面提過的教育、銷售、貿易等產業結合。這將是你未來二十年致富的關鍵。

風險提醒

這幾年，事業容易出現一些難題和阻力，須以迎難而上的決心，面對挑戰。有可能遇到更嚴格的上司，或更嚴苛的規則、政策。也許，你會變得不再善變，因為你會推翻過去的一些想法，愈來愈堅定某些觀念信仰 —— 那是自己的人生哲學觀，也是值得長期發展、善待的心靈寄託。

2023 到 2024 年，可能比較容易出現自我懷疑，這是由於流年木星在 2023 年 5 月中進入金牛座，可能會有求神拜佛傾向，浮現花錢做功德、財去人安樂的權宜心態，甚至不計代價依託於神靈指引，甚於現實理智。雖然說只要心裡願意，他人無從置喙；但凡事皆應有度，對自己更要有信心。

建議培養深度學習的習慣，提升自我要求，而不是虛晃一招自欺或逃避 —— 儘管這是事到臨頭的人之常情。所幸，2024 的 5 月底（流年木星進入雙子座）可望恢復清明。其實，上升雙子在任何產業都能如魚得水，如果能更深度學習，自我投資，一定如虎添翼，財富更隨之而來。

小結

2023 年 3 月 24 日，自冥王星第一次移宮換位到水瓶座，然後天王星在 2026 年 4 月 26 日正式進入雙子座，這長達三年的過渡期，雙子座朋友，不得不放棄自己原有的待人處事習慣，以更真心實意誠懇的態度面對人事物，讓自己的天分被徹

底開發，開拓更深廣的人脈，打造未來。無論是在課業、工作、經營管理上，深入淺出的溝通與人際關係，是此時功課。

III、雙子座 2023.3 ～ 2026.4 三年間，各年財富重點

2023 ～ 2024

不要過度煩惱，調整思考模式，多元學習增加自信心，以專業攻克挑戰，無論是原有的工作或是新領域，都能因為你的出色口才與過人應變能力，以及人際關係，創造業績。

2024 ～ 2025

馬不停蹄，賺錢指數高升，不僅有賺錢的創意，更能實在落袋，可能置產或安全操作投資理財。女性或家庭為主消費群的產業是主軸，誠心誠意口碑行銷歷久不衰。

2025 ～ 2026

運動娛樂、華麗美妝、渡假遊樂這些與獅子座相關的產業，都是施展拳腳之處。多媒體行銷宣傳，網路影音，盡全力發揮雙子座長袖善舞人際關係，所到之處皆無往不利。

巨蟹

守護星月亮，水象星座。基本特質。
星座圖像是螃蟹。

上升巨蟹座

具有情感豐富、敏感、家庭觀念強、關心照顧他人等特質。暖男代表。對
於周遭事物會有較強的情感反應。通常身材結實，外表會給人安全感。珍
惜家庭和傳統價值觀念。對自己的私人空間也比較在意。

太陽巨蟹座 6.22──7.22

黃道帶上的第四個星座。巨蟹座的人通常感性豐沛、溫柔和善、自我保護
心強。可能會有些情緒化、敏感而導致心靈易受傷害。但始終願意包容奉
獻的體貼和溫暖，使你們成為很多人心目中的港灣和家人。

對巨蟹座的提醒

I、巨蟹座 2023.3 ～ 2026.4 三年間財富總運勢

未來三年，（上升）巨蟹座的你，將要面對：

★★★**創造財富的根本**：全力以赴，工作中配合團隊，眾志成城；拓展國際事長路線，個人開拓視野；升級個人專業能力。

★★★**對你來說，最重要的，是**：勝欲灌頂，錢程似錦，強烈的好勝心或追尋更好的人生，是巨大的驅動力。

★★★**你的課題**：用愛與包容的心念，超越貪嗔癡慢疑的恐懼，以及內心深處的欲望，透過挑戰自身的恐懼，轉化成長，將財富的能量在生命與生活各個領域流通。

巨蟹座的基本財富觀

對於上升巨蟹而言，賺錢這件事，真的自己要開心。如果事事無法自主，受限於人，會很痛苦，寧願選擇錢少但相對自主性高的工作環境。對於投資理財，抱著順應潮流心態。很需要安全感，會希望有安定的家庭環境，對家人很好，願意為他

們付出。除了投資不動產，也很喜歡買賣老東西，很多從事二手商品或骨董的，都是上升巨蟹。

巨蟹座在 2023.3 ～ 2026.4 —— 哪些產業的情況比較好？

當冥王星來到巨蟹座的資源與偏財宮位時，財富就充滿多元的可能性，上升巨蟹座的正財位置，恰巧是未來二十年錢潮趨勢之所在，堪稱十二星座中最幸運；但同時，巨利的誘惑，貪嗔癡的考驗也比其他人更多。

就像是，你買股票賺錢的運氣就是比別人好一點，但股價不會無限上漲，所以設定一個獲利點，例如 8%，獲利了結，讓投資有所獲。高報酬率，相對的也是高風險。

真的必須說，上升巨蟹座的手氣真的比其他人好，但要注意節稅節流之道，小心駛得萬年船。工作運一向都很不錯，總有貴人相助，或是有較好的機運。這是由於流年木星變動的影響：例如流年木星金牛時期，藉助社群網站或網路行銷，尤其大大提升工作效能；木星雙子時期，兄弟姊妹手足同學是你們的貴人，工作上的難題，他們似乎都有辦法處理；木星巨蟹時期，自己就是最大的貴人，厚積薄發，天助自助。

當 2023 年 3 月 24 日冥王星進入水瓶座小試水溫的兩個多月中，你應該會隱約感受到突然降臨貴人提供資源錢財，有些人可能遇到喜歡的對象剛好資源充沛。當流年木星在 5 月中進入金牛座，志同道合的朋友變多了，網站上的粉絲也愈來愈

多，直播帶貨會有不錯的收益，也可多多利用電商平台 —— 尤其是與獅子座相關的產業，像是寵物或小朋友用品，或美妝美容等。

流年木星金牛會待到 2024 年 5 月，除了網路行銷與交易會有更多機會，你若是一般上班族小資族，投資理財也是好選項：旅遊運動、電玩遊戲、高科技產業、能源通訊等，都值得參考。只是，投資理財仍須量力而為，由於你的正財偏財運氣都很不錯，謹慎安全理財，都會有不錯的獲利。

2024 年 5 月 27 日起，流年木星進入雙子座時，你對手邊的資源分配有很多的想法，尤其是，感恩自己的好運勢，樂善好施幫助弱勢或參與公益活動。而這個善循環，將會形成財富能量的流通，你也會發現，上天會回饋更多好福氣給你。這段時期，資源整合順利，很多貴人相助，切記不能貪心。

到了 2025 年 6 月，流年木星進入巨蟹座，可能會有換屋或重新整理居家環境的想法，若是自己創業，會計畫拓展業務，或升級生財工具例如更先進的高科技設備，提升效能。以家庭居家環境或女性消費為主的產業，都可考慮；當然獅子座產業相關的運動娛樂、客製化、明星化等愈是閃亮耀眼的產業或行銷手法，都是致富之道。

II、巨蟹座 2023.3 ～ 2026.4 財富課題／機會／風險

財富的課題與機會（一）：資源整合／地下資源／異業合作

當 2023 年，冥王星進入水瓶座，對太陽或上升星座在巨蟹座的朋友，此時冥王星的位置是在你的 8 宮。

（8 宮，水象，固定性質，對應星座天蠍座，對應星冥王星、火星）

8 宮（偏財宮、疾厄宮）象徵著我們的潛意識，與佛法中「貪嗔癡慢疑」有所關連，也指向對於性、生死、權力、金錢的深層欲念，靈魂深處的忌諱陰影。根據佛洛伊德的說法，每個人與生俱來都有些欲望，自內驅策自己，但因為害怕表現出來，衍生出一套壓抑的模式。欲望與壓抑的拉扯張力，便成為這個宮位的課題。

8 宮代表別人的錢，自己與他人欲望的關連模式。對面的 2 宮（財帛宮），則是自己的錢，與個人的價值觀、對資源的態度，是自己的事。在貪嗔癡中，最常見的欲望，是金錢與權力的取得，侵略與性的征服。同時，8 宮也象徵偏財、機會財、遺產贈與、隱藏財富、他人資源、隱藏寶藏、債務賭注、冤親債主等等。

所以當冥王星來到了它展現極致暗黑能量的 8 宮時，驅使巨蟹座賺取財富的爆發力，將源源不絕撲面而來；此時迎接這巨大能量的心法，則是在財帛宮的獅子座，以自己端正的價值

觀接受巨富或無上榮耀，更以愛與包容來達致身心平衡。

這是段影響巨蟹的至關重要時期，必須正視深層欲望的驅動力。冥王星也是最富有的星星，當它搭乘高科技火箭來到你的資源領域時，正是時候結合各種資源，創造全新未來。

正在求學的你，可以盡量利用圖書館或是高科技智慧獲得知識。經營管理者可結合其他部門或異業聯盟，創造新事業。投資理財，可考慮與礦物或地下資源有關的產業，像是黃金、石油，或者與大眾有關的資源相關產業，像是銀行、保險；或是與死亡相關的殯葬業等等。

財富的課題與機會（二）：人工智慧／美容醫療／身心靈產業

2023 年 3 月 24 日，當冥王星轉入巨蟹座的資源宮（第 8 宮）時，就已經揭起你結合資源成就大事業的帷幕。此刻流年木星牡羊正在你的事業宮，直到 5 月中，一路開外掛四通八達，同時土星雙魚也在 9 宮（遷移宮），協助規畫出高規格並兼具專業性、國際性的企畫，來完成夢想。跨越個別領域與地域，結合各種專長、資源，併力合作的產業，將有相當值得期待的前景。加上人工智慧已是今日各領域都無法忽視的神兵利器，譬如已不乏有人嫻熟地運用，推算金融市場的演化，作為投資的參考。

這段期間，是上升巨蟹座大展身手的機會，無論是員工主管，或創業老闆。定位新的產品或方向，結合跨領域資源，

機會無限。例如，生醫實驗室研發出遲緩老化的保健產品，請國際藥廠代工，共創品牌行銷全世界。個人若從事美容保養服務，可以與美睫美甲的朋友合作，增加彼此客源，同時提供多元服務。無論是強化現有事業基礎，或是定位新產品而奮鬥，上升巨蟹都會有貴人相助，完成夢想。

有些上升巨蟹的朋友會投入身心靈產業，提供相關課程、療程，或個人諮詢、導引，幫助人們克服焦慮恐懼，放鬆緊繃的身心，提升生活品質。

每個人都有貪嗔癡慢疑的迷思，克服的關鍵，莫過於自己的內心。唯有放下執念，原諒別人放過自己，讓財富正能量在善循環中生生不息地流通。

財富的課題與機會（三）：不動產／居家／客製化服務

關鍵時間點：2024年11月20日，冥王星正式進入水瓶座，直到2044年。人類開始新的篇章，冥王水瓶的財富曲線正式啟動。

水瓶座的對宮是獅子座，正好落在巨蟹座財帛宮。

很幸運的，致富的產業性質比其他星座更廣泛多元，像是原本就很適合上升巨蟹的不動產、房屋仲介，或居家裝潢、家飾家具，珠寶設計、高奢產品、品牌設計等產業，藉由獅子座的尊榮特質，提供客製化、VIP式的服務，或是與眾不同的高貴耀眼質感，都能讓客戶滿意並獲取實質利益與成就感。

另外，與年輕人有關的產業，運動娛樂、明星經紀、旅遊渡假、手遊電玩等；或是經營 IG 或社群平台的朋友，將自己明星化，討論有趣的領域或時下最夯的議題，都會有很多人關注。只是，上升巨蟹是一個比較重視自我感覺的人，儘管對於認同的同好盟友義無反顧，但能否與其他頻道主網紅合作創造議題，擴大影響力，卻是很靠緣分的。

上升巨蟹的朋友，工作運勢一向不錯，加上未來二十年錢潮落在財帛宮，無疑是十二星座中的超級幸運星。有可能你對獅子座產業沒興趣，投資理財選股時仍可參考。若你是理工或是資訊業，尤其像醫療電資、生醫工程這些，與高科技運用密切相關、提升醫療品質的產業，前景看好。

風險提醒

由於你們的好運勢，相對的，也就容易有些考驗，建議避免將金錢感情性愛混為一談，投資理財設下獲利點，避免不實際的想像。上升巨蟹原本就是謹慎理財的族群，但對家人或家庭付出是義無反顧的，也建議適當把握份際和原則，設下停損點。升級生財工具或拓展業務時，宜仔細規畫預算，以免超支。不妨身體力行吸引力法則：讓財富能量流通，成為別人的貴人，你將成為自己最大的貴人。

小結

　　2023 年 3 月 24 日，自冥王星第一次移宮換位到水瓶座，並到 2026 年 4 月 26 日，天王星正式進入雙子座，這長達三年的過渡期，巨蟹座朋友，在貴人湧現、資源豐沛的環境中，有規律地落實夢想計畫，加上命中註定的一些好運勢，即將水到渠成，打造人生的高峰期。

III、巨蟹座 2023.3 ～ 2026.4 三年間，各年財富重點

2023 ～ 2024

　　出現貴人資源，整合財務與資源，有機會透過社群平台，直播帶貨或是網際網路電商銷售，會有不錯的業績。或者出現金主或老闆贊助支持，讓懸而未決的企畫案出現曙光。工作事業擴大市場、調整或結合資源，更上一層樓。

2024 ～ 2025

　　正財偏財運氣佳，用心經營既有的工作事業，投資理財有所獲，切記勿貪心留戀，金融市場有起有落，建議設定獲利或停損點。同學手足會是貴人，提升專業知識或其他領域新知，增加自己的專業能力。

2025 ～ 2026

以女性消費為主、土地不動產房屋以及相關產業，像是美容美妝美甲或是醫美，房仲買賣等等，都有獲利的機會。客製化的兒童課程、寵物美容 Spa、娛樂渡假，提供尊榮超級 VIP 服務，都是這波錢潮的眉角。

獅子

守護星太陽，火象星座。固定特質。
星座圖像是尊貴的獅子。

上升獅子座

通具有熱情、創造力、自我表達能力強等特質。自信強大，自尊心亦高，
樂於成為眾人注目焦點，也善於表現自己，展現才華。對外貌與形象有著
相當高的要求，擁有強烈的個人風格和氣勢，以及領導力和影響力。對於
自己的興趣和理想非常投入，喜歡掌控自己的命運，也會不經意地炫耀。

太陽獅子座 7.23──8.22

黃道帶上的第五個星座。慷慨、有魅力、熱中創造新奇體驗、有主見並善
於領導、擁有堅定的意志。也可能會有些驕傲、自我中心、控制狂或急性
子。但是表裡如一的自信、理想感染力和行動力，使你們成為很多人心目
中的偶像和領袖。

對獅子座的提醒

I、獅子座 2023.3 ～ 2026.4 三年間財富總運勢分析

未來三年，（上升）獅子座的你，將要面對：

★★★創造財富的根本：按部就班，建立制度安排工作，重視工序與安全，不便宜行事，魔鬼藏在細節裡。

★★★對你來說，最重要的，是：恰如其分，自在出彩。成就別人就是成就自己，你是自己最大的貴人。

★★★你的課題：透過巨大的人際關係挑戰，收起孔雀般的尾巴，找到適當的表現方式，重修舊好親密關係，或是合作模式，在對的時間點再次展現尊貴的燦爛。

獅子座的基本財富觀

最喜歡請客的莫過於上升獅子了，對朋友很慷慨，樂於一起享受金錢帶來的美食與樂趣；但另方面也會注意金錢的用度，所以有些上升獅子不盡然願意與人分享。通常手氣不錯，偏財運帶來意外之財，投資理財渠道多有朋友介紹推薦。

獅子座在 2023.3 ～ 2026.4 ── 哪些產業的情況比較好？

當流年木星在 2023 年的 5 月進入金牛座時，上升獅子座的職涯事業、社會地位皆乘風而上，深受老闆或上級長官賞識，左右逢源。工作收入也很看好。由於同時流年土星進入雙魚座長達兩年多，在資源或財務上的整合，較容易出現壓力或挑戰；但由於超級吉星木星加持，擁有還不錯的社會位置，或長官長輩貴人相助，關關難過關關過。

當流年木星在 2024 年 5 月份進入雙子座時，你自己不但變好了，更想影響別人一起更好，會鼓勵朋友或志同道合盟友一起成長。此時的你創意十足，在文創藝術、旅遊度假等產業，將商品明星化，加上活用網路資源，不論傳統產業或自創商品，都會有亮麗收穫。

2025 年 6 月，流年木星進入巨蟹座，代表艱困、限制的流年土星也在 5 月 25 日轉入牡羊座。意思是，長達兩年多的財務或資源上的整合壓力消失，在工作事業上，會有如釋重負的輕鬆感，也可以比較從容享受努力的成果。流年木星在巨蟹座，是在你的 12 宮，因緣果報的宮位；加上土星轉入牡羊座，是上升獅子座象徵宗教的宮位，因此，在竭盡所能全力以赴創造財富、社會身分地位價值之餘，你將傾向轉化內心能量，追求身心靈層次的寧靜安定。另外有些朋友則會積極開拓國際市場業務，或提升專業能力；或投入身心靈產業。

II、獅子座 2023.3 ～ 2026.4 財富課題／機會／風險

財富的課題與機會（一）：婚姻夥伴／創意趣味／話題行銷

當 2023 年，冥王星進入水瓶座，對太陽或上升星座在獅子座的朋友，此時冥王星的位置是在你的 7 宮。

（7 宮，風象，基本性質，對應星座天秤座，對應星金星）

占星學中的第 7 宮，代表著與他人之間的關係，尤其是婚姻、感情和夥伴關係。第 7 宮也代表了個人的影響力、魅力和人際交往能力，以及與他人合作的態度和能力。

冥王星象徵著力量、轉化和重生，冥王星在第 7 宮，表示你的人際，尤其是伴侶關係，可能會經歷一些情感上的挑戰，如嫉妒、猜忌、控制和占有欲，這些挑戰也可能促使你更深入探索自我，進而產生轉變，以達到與他人更深層次的連結。

冥王星在第 7 宮，也意味著在伴侶關係中有著強烈的需求和渴望，並試圖尋求一種深度和意義的連結。可能需要花更多時間精力來維護彼此關係的長期穩定。

這段時期，你們的貴人多是長輩長官或是社會地位較高的朋友，透過他們居中協調或介紹事業產業，多有不錯的進展；創意產業、兒童寵物、商品或個人明星化，種種能創造話題的行銷推廣，或網路直播帶貨，都是你的強項。

財富的課題與機會（二）：長輩貴人／攜手同伴／亮麗才華

上升獅子座是天生的明星，所到之處的氣場，都無法被忽視。這三年的運勢，將讓上升獅子座思考人際關係的變化，修正待人處事的模式。在工作上，若不知所以然，可以虛心請教長官前輩。其實你們工作時是很中規中矩的，但孔雀特質會影響同事關係，增加內在張力。你的成功密碼，是讓舞台的聚光燈，同時也照在別人的身上，一起接受掌聲。無論在哪個業界，除了適時展現個人魅力，更莫忘團隊貢獻，也不妨多讓合作夥伴站上 C 位，一起接受喝采。

未來二十年的獅子座產業，當然是你們大展長才的領域，無論是運動健身、美麗事業、文創藝術、戲劇音樂、寵物兒童等等，正該火力全開展現才華。這三年的心態調整，有助於發展未來事業，心念創造豐盛，世界都是你的。

財富的機會所在（三）：年輕人／娛樂／創造明星／休閒度假

關鍵時間點：2024 年 11 月 20 日，冥王星正式進入水瓶座，直到 2044 年。人類新篇開始，冥王水瓶財富曲線正式啟動。

水瓶座的對宮正是獅子座，獅子座的財富，就是自己所在的 1 宮（命宮），意思是，創造新奇有趣的產業，或強化產業中的趣味、質感，或彰顯自身特色，創造明星的相關產業，都能讓你闖出一片天。獅子座本身就會散發光芒四射的能量，且善於擴散魅力，媒體、精品、造型、博弈、娛樂、體育健身、

渡假觀光等產業都是基本款。尤其是以年輕人為主要訴求對象的產業，像 3C 科技、電玩手遊、陪玩師或是電競選手……等，後勢看漲。此外，以兒童為消費主力的相關產業，也值得參考。

無論是商品或是個人魅力展現，有趣亮麗的呈現，都是上升獅子座的特色，儘管有些畫面幾乎如今已經是常見的日常風景了；未來只會更加熱鬧、想像力大爆發。

充滿熱忱的客製化，是關鍵詞。無論在哪個產業，秉持這種心態，展現獅子座自身才華特色，也從消費者角度思考他們的需求、欲望與期待，提供作品、商品與服務，將無往不利。

風險提醒

2023 年 3 月 24 日，當冥王星進入水瓶座時，獅子的合作宮或夫妻宮就起了變化。冥王星水瓶座在第 7 宮結合，代表著個人在婚姻、感情和合作關係方面可能會經歷劇烈的轉變和變革。冥王星的深度轉型，和水瓶座的獨立思考和行動，可能會讓人對伴侶關係產生不同於傳統的看法和做法。此外，這種組合還代表著個人在關係中探索自己的獨立性和自由，甚至可能導致某些關係的結束或變化。

然而，這種轉變也帶來新的機會和成長，幫助個人建立更加成熟穩定的夥伴關係。因此，更需要以開放和靈活的心態應對，將變化視為成長的機會。這種轉變可能是無可避免的，或許與某些具有挑戰性的情境或事件有關，如婚姻或伴侶關係的

結束、信任或背叛、突如其來的轉折等等。

　　此外，冥王星在第7宮，也可能代表著權力鬥爭，因此獅子座的你尤其需要留意自己是否有過度掌控、壓迫或操控他人的傾向。需要學會尊重他人的需求和空間，並建立平等、尊重和支持的伴侶關係。

　　這些人際間的張力，都有可能會影響到財務與資源的整合，除了展現自我的創意與想法之外，適時理解合夥人或是合作對象的想法、立場，有助於他人對你的了解，才能進而真正提供資源或資金支持。

　　如同我們所知，獅子座是面對冥王水瓶的心法；獅子座本身的力量，就是彰顯自我，出彩自在。對於人際關係中的毀滅重生，獅子座的朋友，「找到更恰當的方式表現自己」，是未來幾年的課題，也是提升自我的過程。

小結

　　2023年3月24日，自冥王星第一次移宮換位到水瓶座，到2026年4月26日天王星正式進入雙子座，這長達三年的過渡期，獅子座朋友，在耀眼的高峰期，人際關係將受到顛覆性的考驗，重新評估與合作夥伴或伴侶的互動；並起心動念反求諸己，在貪嗔癡慢疑的困境中洗滌靈魂。不同時期遭遇的挑戰，帶來寶貴經驗，並讓你逐漸練就一套具有自己特色的人生哲學，貴人也隨之而來。

III、獅子座 2023.3 ～ 2026.4 三年間，各年財富重點

2023 ～ 2024

事業與社會地位扶搖直上，資源財務整合壓力大，長輩長官大人物是貴人。拓展業務或市場，宜審慎評估後決定，不宜冒進。親密關係或健康也須注意，務必用心對待關心你的家人、伴侶，以及關心你的人，或合作夥伴。

2024 ～ 2025

突破個人藩籬，異業聯盟創新或拓展國際市場。雖然資金資源整合壓力仍在，下半年可解除，事業漸入佳境，進入軌道。利用網路行銷、多媒體推廣產品，與合作夥伴、異業盟友共享成果，碩果豐收。

2025 ～ 2026

過去兩年多的努力，此刻達到一定的標準；休息充電後，繼續前行。當流年木星於 2026 年 7 月進入獅子座，會深刻感受到火力全開，事業的創意或秉持創新理念，都讓你無往不利，財源廣進。

處女

守護星水星，土象星座。變動特質。
星座圖像是手持麥穗如天使般的純真少女。

上升處女座

具有謹慎、注重細節、追求完美等特質。對待事務比較理性，有優秀的分析能力。日常待人接物嚴謹細膩，相對保守和傳統。通常外表形象整潔乾淨，女生多給人小家碧玉的印象。講究健康和飲食方面的細節，對自己的工作和生活有高要求，重視實用和效率。

太陽處女座 8.23──9.22

黃道帶上的第六個星座。理性、細心、慎重、實際、善於評估整體情勢。可能由於完美主義性格導致有些神經質，總忍不住挑剔，但正因為一向細膩和堅持把關品質，使你們成為人們心目中的重要提醒者與最可靠夥伴。

對處女座的提醒

I、處女座 2023.3 ～ 2026.4 三年間財富總運勢

未來三年，（上升）處女座的你，將要面對：

★★★創造財富的根本：與眾不同，別出心裁，藉由新科技或升級生財工具，提升工作效率，創造更多收入。

★★★對你來說，最重要的，是：獨立創新，健康日常，追尋身心靈的安定，以利人際關係互動。

★★★你的課題：「工作就是人生的租金」，大多數的我們，都需要工作以維持每日需求，進而提升生活品質。

處女座的基本財富觀

對於注重細節的上升處女，非常適合服務業，或是固定性質工作。對細節近乎苛求完美，更不可能亂花錢買低於期待值的商品。對於投資理財是大膽的，但花錢是謹慎的；有時過度鑽牛角尖地追求細節，會使得花錢的初衷失焦，無法享受金錢帶來的意義。

處女座在 2023.3 ～ 2026.4──哪些產業的情況比較好？

當流年冥王星在 2023 年 3 月 24 日進入水瓶座，在你的例行工作領域翻天覆地時，你早已想好對策，面對急速變化。

上升處女座善於規畫整理，無論是生活工作都有一套自己的方法，是以當流年木星在金牛座時，你會熱中於國際間先進科技，提升工作效能；或追蹤最新醫藥研究報告，讓生活更加健康，甚至組織團隊小組探討醫學生科論文。

當然不可能每個人都從事研究工作，但是上升處女座處理事情有其獨到之處，當 2024 年 5 月流年木星轉入雙子座時，你的事業發展或工作表現來到新高點，前一年的努力奠定此刻成就，將忙於各種會議，研討會、公司演講、產品說明會等，都可見到你的身影。但此時更要留意人際關係。

2025 年的 6 月，公司內部組織有機會擴大，或業務銷量增加，跨業聯盟、網路行銷，導入新生產技術，或讓全公司使用 AI 助理等，無論在哪個產業，都會忙到分身乏術。要小心資金與資源整合會出現壓力。

II、處女座 2023.3 ～ 2026.4 財富課題／機會／風險

財富的課題與機會（一）：日常生活／健康／服務／文化學術

當 2023 年，冥王星進入水瓶座，對太陽或上升星座在處

女座的朋友，此時冥王星的位置是在你的 6 宮。

（6宮，土象，變動性質，對應星座處女座，對應星水星）

在占星學中，第 6 宮代表了健康、工作、日常生活和服務等方面。這是一個與日常生活息息相關的宮位，代表了我們如何處理日常事務，以及我們對身體和健康的態度。總的來說，它可以揭露一個人在這些方面的專注態度、價值觀和表現模式。以下是第 6 宮還可能涉及的一些面向：

工作和職業。也代表了我們的工作環境、態度和發展等方面。這個宮位可以揭示職業上的成就、勤奮和專注程度。

服務和貢獻。反映個人對社會、他人的責任感和關注。

健康和疾病。反映個人對健康的關注，和健康問題。

所以，當冥王星水瓶座落在這些領域，由於冥王星代表了深層次的轉化和重生，因此在第 6 宮的領域，冥王星將促使處女座的朋友對自己、自己的生活產生更高的要求和期望。會強烈地追求完美和優越的工作表現、健康狀況和服務熱忱。

還會更嚮往獨立自主的工作方式 —— 水瓶座具有強大的獨立和自主能量，可能更喜歡獨立工作，而不是被人指揮和控制，具有自己的工作風格和方式。

在工作事業上，可能致力升級專業能力，或更高層的學術研究。若你正在文化出版或學術機構，這時期將會有傑出表現。當然，不是每個人都在這些領域，只要秉持專注與深度研究的精神，面對工作，都能有豐富的成果。

財富的課題與機會（二）：社會服務／醫療生物科學

　　此時有些朋友可能開始注意養生，調整飲食、運動健身，也會要求伴侶家人或關係緊密的朋友一起參與；還在校園的你，這是段調整作息提升效率的時期，需要兼顧讀書運動玩樂各方面，讓自己活力十足面對壓力。

　　冥王星也可能激發個人對服務和貢獻的強烈動機，加上水瓶座對社會和人類進步有高度意識，可能你會更加關注弱勢群體的福利，並投入到相關工作或組織，或參與志工活動。

　　有些上升處女座的朋友，可能從事生科醫藥研究，或工業材料研發產業，以驚人耐心在實驗室日復一日進行研究、觀測比對、紀錄討論、製作報告等，這三年間將有優異表現。有機會出國參加研討會或參與國際學術團隊，或撰寫相關論文，提升專業能力與職業身分地位。醫美產業或醫院工作者，可能因改善相關流程，提升醫療品質，提升醫院診所知名度。在醫療服務的產業延伸線上，則是屬於獅子座產業的健康、運動相關產業，如專業的健身教練，依個別情況與需求客製化的抗衰抗老營養計畫、訓練課程，都是可以考慮的職涯規畫。

財富的課題與機會（三）：藝術／身心靈／社會服務／創意

　　關鍵時間點：2024年11月20日，冥王星正式進入水瓶座，直到2044年。人類新篇開始，冥王水瓶財富曲線正式啟動。

　　水瓶座的對宮是獅子座，是應對冥王星水瓶蛻變心法的地

方，此時獅子座落在處女座的 12 宮（心靈宮、玄祕宮），是創造夢想願景的地方，也與藝術電影虛擬場景有關，例如：

藝術產業。12 宮是充滿豐富想像力和創意的領域，你可能會在藝術行業中有所成就，如繪畫、音樂、舞蹈等；現在多與動畫、虛擬科技連結，創造出不可思議視覺饗宴的動漫、電影、舞台虛擬人物等等。

身心靈產業。12 宮是充滿同情心的地方，能理解、關心他人情感，在心理學、輔導領域中發揮獨特天賦。可能是投身宗教，或有能力連結、溝通另一個世界。

醫療保健。12 宮也是雙魚座的黃道位置，對人類疾病、健康問題具有敏感度，因此可能在醫療保健領域有所成就。更重要的，由於人工智慧高度發展，普遍導入教學研究與醫療現場，大幅提升品質、避免糾紛，堪稱醫界盛事。

社會服務。12 宮也代表關懷社會問題和他人需求，具有同情心和利他情懷，可能在社會服務、非營利組織中找到職業發展機會，如公益服務、社福議題倡議、社區發展等。

創意行業。與 12 宮有關的雙魚座，在設計、廣告、市場推廣等創意行業中，可能有所成就，將以創造力、直覺和想像力為職場帶來獨特見解以及創意解決方案。

當獅子座產業落在 12 宮，除了上述產業機會，更與個人心念有強大連結，日本經營之神稻盛和夫認為，「人生皆為自心映照」、「凡事皆由心起」，這與大乘佛教經典《華嚴經》

中的「萬法唯心造」說法有著相同意義。對於上升處女座朋友而言，儘管 12 宮的能量似乎一時間難以實際感受，然而心念創造、傳遞於外在的世界，來日必定有豐盛且具體的回饋。

風險提醒

工作一定有壓力，冥王星的能量非常強大且集中，加上水瓶座充滿創意和創新思維，當這些特質同時發揮到工作中，導入新技術科技創造出令人驚嘆成果之餘，與團隊或合作夥伴的人際關係，也是產生無形壓力的課題之一。適時地表達感謝，對工作有事半功倍效果。務必當心陷入工作狂模式，忽略家人與伴侶，招致怨懟；畢竟一個人每天可用的時間是有限的，如何適時關心在乎你的人，這是千古課題。

忙碌的工作壓力，勢必影響健康。長期忽視的身體毛病，像是常見的三高症狀，或運動量不足導致的肥胖等問題，此時有可能更突顯，強迫你不得不面對。這會是一段讓你更加關注養生之道的時期，有些人將痛定思痛，身體力行改變作息，規律運動並注意營養；有些人可能參與健康醫療相關的工作或志工活動，像是偏鄉義診，或諮詢服務等。

小結

2023 年 3 月 24 日，自冥王星第一次進入水瓶座，到天王星在 2026 年 4 月 26 日正式進入雙子座，過渡期長達三年，處

女座的朋友，日常生活與工作將發展一套全新做法，或專注於研究性質的工作。充分獨立自主，追求完美近乎苛求。重視健康養生，或有興趣從事醫療研究或居家照護。重視身心靈成長與歸屬感，更有貴人相助 —— 也可能是自己的伴侶。

III、處女座 2023.3 ～ 2026.4 三年間，各年財富重點

2023 ～ 2024

工作上引進新科技提升效率，或拓展國際市場；或參加國際學術論壇，協助實驗室或診所提升產品研發，升級技術；或以更有智慧的方法，與團隊、合作夥伴互動。

2024 ～ 2025

增資擴大組織，跨界聯盟；新產品研發有成效，銷售業績長紅，工作事業新高點。資金資源整合有壓力，驛馬奔波，會議不斷。工作壓力大，注意健康。

2025 ～ 2026

前兩年（2024、2025）的努力，碩果豐盛，持續以高科技管理工作事業。醫療生科等健康事業革新突破，奠定未來醫療產業。持續關心社會，創造財富能量的互動，強化善循環。

天秤

守護星金星，風象星座。基本特質。
星座圖像是正義女神所持的天秤。

上升天秤座

通常表現於注重美感、善於社交、和諧、喜歡公正等特質。注重人際關係
和社交活動，善於表達和交流，也善於調和不同的觀點和利益。俊男美女
的代表。常給人一種優雅、有品味和協調的感覺，注重外表和形象的呈現，
也在意藝術、美感和審美觀。

太陽天秤座 9.23──10.22

黃道帶上的第七個星座。天秤座的人通常追求合情合理、平衡。可能有些
優柔寡斷、追求完美和過度在意他人意見的傾向。有禮貌、具有良好的鑑
賞力。總是從容閒適的和諧氣質和藝術品味，使你們成為很多人心目中的
良師益友和美感引領者。

對天秤座的提醒

I、天秤座 2023.3 ～ 2026.4 三年間財富總運勢

未來三年，（上升）天秤座的你，將要面對：

★★★創造財富的根本：犧牲奉獻無怨無悔，對工作義無反顧。建議不要攬起太多不屬於自己的工作。

★★★對你來說，最重要的，是：用智慧做人做事，引導團隊共同完成任務，共享權利義務與成功光環。

★★★你的課題：華麗登場，展現自我；結合資源，造新格局；眾志成城，創造新江山。

天秤座的基本財富觀

上升天秤座充滿俊男美女，錢卻都給別人管 —— 單身時可能是媽媽，結婚後可能是另一半。這是很特別的現象，但天秤座是精明的生意人，知道如何投資做生意，可能就是單純懶得處理瑣事，但在賺錢這部分非常精打細算。

天秤座在 2023.3 ～ 2026.4──哪些產業的情況比較好？

當超級吉星流年木星在 2023 年 5 月 17 日進入你的偏財宮，舉凡資金資源整合宛如神助，即便遇到阻礙，都有貴人相助；手足同學都可能是助力。這段時期，透過電腦科技創作藝術，音樂、繪畫、遊戲或研發 App，都有機會帶來不錯收入。投資相關產業也有資產加值機會。

上升天秤座的財帛宮此時在天蠍座，是冥王星的守護星，因此，如果投入冥王水瓶對應心法的獅子座相關產業，譬如文藝創作、觀光旅遊、娛樂明星、影視音樂、兒童寵物等，會帶來不錯的官運與財運。但相對的，由於流年土星雙魚落在奴僕宮，這兩年工作勞苦，要多注意健康，不熬夜，多運動。

2024 年 5 月份，有機會出國，旅遊散心、工作外派、專業深造等，或參與各種會議、商展交流，馬不停蹄。這段期間，國際觀光旅遊、物流運輸、多媒體影音、教育傳播等產業，或學術研究、論文出版，都有提升財富與本身能力的契機。由於工作壓力，有些朋友會投身宗教或禪修，嘗試找到生活平衡點及努力的動力。手足同學可能是帶來啟發的貴人。

當流年木星在 2025 年 6 月來到巨蟹座，你的事業宮，過去兩年多的努力都在為此刻登頂事業高峰進行布局；工作上的負荷與壓力也在下半年解除。有些朋友事業順遂，升官加薪，之前的焚膏繼晷得到應有回報。有些人可能接手家族事業，改造 2.0 新版，延續關注與回憶。

投資理財，則可考慮以家庭或女性為主要消費群的產業。房屋不動產、長照看護、裝潢設計、美麗事業等都可參考。

II、天秤座 2023.3 ～ 2026.4 財富課題／機會／風險

財富的課題與機會（一）：藝術創作／影視娛樂／文化教育

當 2023 年，冥王星進入水瓶座，對太陽或上升星座在天秤座的朋友，此時冥王星的位置是在你的 5 宮。

（5 宮，火象，固定性質，對應星座獅子座，對應星太陽）

第 5 宮又被稱作「子女宮」或「玩樂宮」。代表創造力、娛樂、浪漫和自我表達，也代表個人的興趣、天賦和個性。

第 5 宮象徵創造力和藝術才華，因此當流年冥王星落在 5 宮時，與這些天賦有關的領域，將有爆發性的呈現，並透過網路社群平台，盡情展現作品、技藝和興趣。如果你是藝術家、音樂創作人，或手遊電玩設計師，此際應能感覺靈感泉湧。

第 5 宮也代表影視娛樂產業，上升天秤座是天生的帥哥美女，「老天爺賞飯吃」，姣好的外貌是建立受眾美好印象與想像的優勢，從事演藝工作，或經營頻道、直播主，都會有不錯的成績。若還能與上升天秤座善於溝通表達，適合文化創意、教學演講等領域的特質結合，內外兼修，將更加無往不利。

財富的課題與機會（二）：愛情浪漫／兒童／寵物

第5宮也與浪漫和戀愛有關，當行星落在這裡，意味著一個人對戀愛、浪漫和愛情有著強烈的渴望和興趣。

所以當流年冥王星進入第5宮，強烈的創造力和表達能力，也會在這些方面呈現自我，只是也可能經歷劇烈的轉變。這個位置，會讓個人表現出非常強烈的自我主張和獨立性，也可能讓人看起來過於狂妄和固執。

這個位置，還象徵著個人可能經歷深刻的情感體驗，包括激情和失落。如果能適當地處理這些情感，或許會成為更加優秀的藝術家或創意人才，激發更多創作動力。不過，需要注意的是，這個位置帶來的某些心理挑戰和困難，需要個人在自我成長、心理健康等方面進行覺察與調適。

水瓶座在第5宮，加上冥王星的顛覆影響力，個人情感狀態會受到明顯影響。你可能有一段不同於尋常模式的戀情，像是異地戀或網戀。或是與子女互動，充滿愛卻又各自獨立。

在這個時期，兒童或寵物這類會投入很多情感的相關產業，或是可能激發消費者美好情感或激情的例如運動、美麗、觀光等產業，都可考慮，或是導入更多創意，或是投資。

財富的課題與機會（三）：網路媒體／行銷／公益

關鍵時間點：2024年11月20日，冥王星正式進入水瓶座，直到2044年。人類新篇開始，冥王水瓶財富曲線正式啟動。

如本書中一再提及的，水瓶座對面的獅子座，是這次面對冥王水瓶挑戰的心法。獅子座本身就璀璨耀眼，當如此個人主義成為心法時，善於隱藏自己喜惡的天秤，需要點時間適應。

對天秤座來說，獅子座所在之處，是五湖四海的福德宮（11宮），代表志趣相投的社交圈。產品行銷業者將更嫻熟運用網媒行銷，或結合該領域的KOL帶動話題。由於你的正財與偏財運都很不錯，透過網路社群，或藉助同學或家族力量，集結大眾資源資金，多能心想事成。

水瓶座本身就是黃道11宮，因此，這未來二十年豐盛自己之處，會透過志趣一致的團體來落實。可能投入公益活動或組織，赴偏鄉或偏遠國家當志工，像是無國界醫生，或參加NGO、NPO貢獻所長。也有可能致力某個專業領域的創新改革，如天文科學等。或倡議某種倫理規範，適度約束人工智慧，這對於一向在意公平正義的天秤座，是很有可能的。

風險提醒

水瓶座在第5宮，意味著個人會將獨立、創新和社會意識融入自己的創造力和娛樂生活當中，表明對個性和自由的重視。有可能傾向透過朋友和社交關係，豐富生活和創造力。

另方面，則可能對傳統的愛情觀和浪漫主義，產生懷疑和反感；這或許會在感情方面顯得過於冷靜和理性，甚至在關係中缺乏情感和親密度。如果能夠在自我表達和感情之間取得平

衡，有機會成為非常出色的藝術家、設計師或者發明家。

2023 年 3 月 24 日冥王星進入水瓶座，天秤座的朋友，可能會急於表現與眾不同的自我，因而產生壓力；或是在展現才華時遇到瓶頸，急於突破。要小心因為過度關注自我表現，忽略了與他人的交流和互動，以及他人的感受。

由此延伸，若你有小朋友，親子關係比較緊張，可能是因為想要掌控；須更耐心包容，多花時間陪伴。會渴望與戀人間建立新的互動模式，更強烈地表現你的感情。有些人可能會遇到條件很好的對象，或是渴望遇見擁有巨富的對象 —— 冥王星也代表隱藏的財富。

冥王星會讓人有莫名的壓力，尤其落在水瓶座，讓人不得不應變並改革創新。有些人會迷上冒險性強、投機性高的遊戲或賭博，尤其必須留意。投資理財，野心不宜過大，謹慎保守也可以是明智選項。高風險高投資報酬率，都是這段時期的現象，大起大落，大贏大輸，都有可能發生。

小結

2023 年 3 月 24 日，自冥王星第一次移宮換位到水瓶座，到天王星在 2026 年 4 月 26 日正式進入雙子座，這長達三年的過渡期，天秤座朋友，努力不懈地工作，逐漸累積獨樹一格的魅力，超越過去的自己；並掌握好資源，發揮不錯的偏財運，透過網路和社群媒體展現才華，結識志同道合的盟友。

III、天秤座 2023.3 ～ 2026.4 三年間，各年財富重點

2023 ～ 2024

此時幸運的流年木星在偏財宮，是正財偏財都很不錯的週期，手氣也好，但切忌過度，因小失大。創業資金資源整合順利，經營管理拓展事業版圖順遂，奠定未來事業高峰基礎。

2024 ～ 2025

專業能力升級。有機會赴國外深造或旅遊，或任命外派。工作負荷壓力大，注意健康與免疫力下降；平衡身心靈尋找自我意義。投資理財可考慮國際觀光運輸、文創媒體等產業。

2025 ～ 2026

工作事業登頂新高點，兩年多來日以繼夜勤苦，終有所獲，社會地位躍升，受長官老闆提拔賞識。人紅是非多，注意人際關係。透過電腦科技創作藝術繪畫、音樂手遊；或經營社群平台，流量長紅。

天蠍

守護星冥王星、火星，水象星座。
固定特質。星座圖像是蠍子。

上升天蠍座

具有善於洞察他人內心、蘊藏熱情、有神祕感等特質。比較專注於內在世
界，並且習慣探究事情的本質和真相，對於事物的表面和外觀，往往不太
滿意，傾向追求深度和意義。有強烈的個人魅力，給人深邃、帶有距離感
的奇妙吸引力。對他人的細微反應和情感變化，往往能敏銳察覺。有決斷
力，面對困難和挑戰，能從中成長和進步。

太陽天蠍座 10.23——11.21

黃道帶上的第八個星座。通常具有強烈的自我保護意識、敏銳的洞察力、
創造力和深究精神。也可能容易陷入嫉妒、執著和控制欲。不過，犀利坦
率的敏感和深刻，使你們成為很多人的知己和最有力的支持者。

對天蠍座的提醒

I、天蠍座 2023.3 ～ 2026.4 三年間財富總運勢

未來三年，（上升）天蠍座的你，將要面對：

★★★**創造財富的根本：**活力充沛，凡事親力親為的你，加上不錯的人際關係，工作與業績有亮麗表現。

★★★**對你來說，最重要的，是：**放下過去種種芥蒂，積極投入新事業，站上人生新舞台與新高點。

★★★**你的課題：**多與原生家庭或心理活動有關。可能發現家族祕密，或被迫面對回憶。與家人或父母親的關係，是這個毀滅重生時期的自我救贖。

天蠍座的基本財富觀

上升天蠍很會賺錢，與錢財之間有種吸引力。對自己很大方，但因為極強的占有欲，很難輕易與他人分享資源。上升天蠍的老闆，通常不會一次給足預算，很多東西堪用就好，但自己可能戴著最新的沛納海或百年靈。

天蠍座在 2023.3 ～ 2026.4——哪些產業的情況比較好？

　　流年木星在 2023 年 5 月來到了你的配偶、合作的領域，有良好的貴人運，建議與客戶或合作夥伴保持良好關係。有機會通過他人介紹，獲得新案源或賺取傭金。也是在這一年，有機會開啟長期合作關係，前景可觀，也帶來良好收益。

　　你也會感受到另一半帶來的好運勢，或者他／她有不錯的財運、事業運以及好人緣。有些人可能有不動產方面的新想法，像是在某地段長期投資，或出售、換屋或裝修等。

　　2024 年 5 月，流年木星轉入雙子座，職場上，你有機會升官加薪，又或許是轉換到更適合自己或收入更好的跑道，升級技能，在新公司有所表現。不過，也可能受到長官的壓力；建議低調處事，圓融處理各種溝通事項和文書檔案。

　　創業的老闆，在資源或資金的整合，多有貴人相助。或者拓展國際業務，或異業聯盟，都為未來事業奠定成長基礎。有些朋友可能受益於家族事業盈利分配，或獲贈遺產。有機會在金融市場獲利，偏財運佳。

　　當流年木星在 2025 年 6 月進入巨蟹座時，你或許會為自己安排一個長假；可能在海外置產，或學習科技新知。此時的合約都須仔細檢視。有機會在之前投資的不動產或餐飲事業獲利。創業老闆有機會持續拓展國際業務，可考慮與大機構大品牌合作。親戚們都可能是貴人，無論關係有多遠。

　　須注意健康，避免過度工作，影響作息。有些朋友可能藉

由宗教找尋人生意義與價值；腦筋動得快的朋友，可能從事身心靈相關產業，或延伸包括瑜珈教學，或療癒文創小物開發。

II、天蠍座 2023.3 ～ 2026.4 財富課題／機會／風險

財富的課題與機會（一）：探索內在能量／家族資產活化

當 2023 年，冥王星進入水瓶座，對太陽或上升星座在天蠍座的朋友，此時冥王星的位置是在你的 4 宮。

（4 宮，水象，基本性質，對應星座巨蟹座，對應星月亮）

第 4 宮又通稱「田宅宮」，通常代表家庭、家族、根源、情感和內在的私人世界。

冥王星在占星學中被視為代表著深度變革、轉型、重生、破壞和重建等概念，具有強大重構潛力。冥王星在第 4 宮，意味著你的家庭背景或情感經驗具有強烈的轉變能量，也可能指向個人對於根源和家庭問題有著特別的探究意願。

此外，這個位置也意味著個人內在世界的深度變化，需要經歷轉型和重生，以尋求更深層次的安全感和情感滿足。

有些朋友可能有機會處理家族資產或遺產，或重建老宅，結合科技的便利，以此經營新型態空間，創造新商機。

財富的課題與機會（二）：空間經營／自然路線

　　當天蠍座的守護星冥王星在 2023 年春初次進入水瓶座時，隱諱已久的家庭家族問題，漸漸不得不面對，無論是家人情感，或家族利益、遺產分配等，都可能讓人難堪糾結。

　　除了家庭問題，有些人對於職場的不滿，也會在此時決定不再壓抑。此刻能夠伸出援手的，可能是伴侶，或社群網站中的同溫層。有些人會跟合夥人理智溝通，尋求改善管道。

　　工作方面，有可能遇到新的合作機會，經由介紹認識重要客戶，為未來事業發展做鋪墊。不過這段時期也容易有口舌是非，建議謹言慎行，避免捲入無端的麻煩，導致無妄之災。

　　有些人可能都沒有以上困擾，但如果接觸不動產或房屋買賣，要多留心文件合同；有機會獲利。有些朋友會重新裝潢或改善居家環境，改變心情；也可能進一步開民宿，或投入親近自然的園藝設計、花卉創作，或以天然食材為主的烹飪教學，或是此路線的餐飲事業，都會受到大眾青睞。

財富的課題與機會（三）：媒體／娛樂／療癒服務

　　關鍵時間點：2024 年 11 月 20 日，冥王星正式進入水瓶座，直到 2044 年。人類新篇開始，冥王水瓶財富曲線正式啟動。

　　水瓶座的對宮是獅子座，是應對冥王星水瓶蛻變心法的地方，此時獅子座落在天蠍座的 10 宮。10 宮是人生的頂點，代表名聲志業，是與外界連結的社會舞台、個人追求的尊榮地

位，和刻苦耐勞後的終極目標。冥王水瓶進入心靈原鄉，毀天滅地重塑再生，蛻變的心法，則是展現冷靜獅子的尊貴驕傲。

散發個人魅力，並透過職場與外界連結，在公眾前發揮優點長才，或與公眾媒體互動良好，與長官長輩維持關係，人氣超旺。但也須注意避免過於在乎外界評論，失去主見。

獅子座產業中，與兒童或寵物相關的產業，都可考慮；客製化服務更不可少；呈現才藝的展演，打造明星般華麗登場姿態與質感，關注與口碑必定少不了；運動競賽領域，經紀公司將運動員明星化或偶像化，仍會是創造雙贏的首選。

電玩手遊、動漫電影等主流娛樂產業，上下游規模日益龐雜，需要很多創意、設計與科技人才持續投入，值得考慮。

至於傳統產業，如果能善用人工智慧，打造新商品或提升產能，或以亮麗有趣、結合文化意義與特色的包裝操作行銷，給人耳目一新的新鮮感，仍有機會維持市場影響力。

然而無論科技如何昌明，始終以服務人類為終極目的，若能創造療癒心靈的商品或消費空間，也很適合你們。

總之，無論在哪個產業，注入創新元素或結合異質文化，讓它變得生動有趣，或是翻轉既有的印象或意義，或是建立具有特色的景觀或代表事物，都會是開拓商機的契機。

獅子座產業在上升天蠍的事業頂點，表示只要你下決心，無論哪種產業，都能做得有聲有色。但由於冥王星在內心深處引動恐懼的心魔，這三年，是你克服心魔的煎熬時期。一旦自

身與家族間的糾結得以安頓，你將有傑出表現。

風險提醒

冥王星進入水瓶座此時，原生家庭或家族可能讓你有些壓力，或不得不耗神耗時處理某些迫切情況。比如有時限的共同事務，或住家被迫搬遷，成員離世，或須持續陪伴就診；也可能必須背負起家庭重責，甚至發現不知如何應對的家族祕密。

不過，這段時間除了家庭家人問題，也有機會買賣甚至繼承房產或土地，或翻新老宅後出售獲利數倍。

工作方面，心理壓力可能頗大，有可能是例行工作量過多，影響生活作息或健康，內心因此有些煎熬。

冥王星毀滅的力量，會讓你想要直接結束重來某個案件，甚至離職換工作。人際關係上，也很容易陷入是否妥協或放棄的天人交戰。但這些過程，都是推動天蠍座更深刻地思考分析後再做決定。這是因為，天蠍座本身就是水象星座，而由天蠍座守護的冥王星，又落在水象的家庭與靈魂深處宮位，這樣的安排，是讓天蠍朋友直視內心深處 —— 對你來說，無論工作或人際關係，內觀自省都是至關重要的第一步。

小結

2023 年 3 月 24 日，自冥王星第一次移宮換位到水瓶座，到天王星在 2026 年 4 月 26 日正式進入雙子座，這長達三年

的過渡期，天蠍座朋友，會花較多心力處理家族事業或家人事件，可能涉及利益分配，或是隱諱已久的紛爭。不過，家人儘管是折磨你的人，但也是貴人。

III、天蠍座 2023.3 ～ 2026.4 三年間，各年財富重點

2023 ～ 2024

掌握良好人際關係，有機會透過朋友介紹，承接新項目或長期合作機會。交易買賣獲利。集中精力專注工作，避免拖延症。另一半會帶來好運。有機會投資不動產房屋或出售獲利。

2024 ～ 2025

創業主資金資源整合順利，職場升職加薪，深受長官賞識。有機會獲得家族事業盈利分配或遺產。偏財運很不錯，有機會自金融市場獲利。投資理財須在自己餘力考量中。

2025 ～ 2026

有機會海外置產，或出國升級專業知識，參加國際學術會議、產品研發說明會等。避免過度工作，重視規律生活作息與運動。做好心理建設，為人生下一階段的衝刺準備。

射手

守護星木星，火象星座。變動特質。星座圖相是神話中的持弓箭的半人半馬怪物。

上升射手座

獨立熱情，好奇心強、不受束縛，具冒險精神，喜歡探索新事物，思維開闊，對各種領域都有強烈的興趣和好奇心。他們通常給人很靈性或學者的感覺，喜歡多元化文化，對人生抱有積極樂觀態度，相信未來充滿無限可能，看重個人成長和自我實現。

太陽射手座 11.22──12.21

黃道帶上的第九個星座。熱愛自由、率直、勇敢和富有探險精神。可能會有些衝動、粗心、缺乏耐性，但一往無前的樂觀和開朗，也使你們成為很多人心目中的好朋友和可靠夥伴。

對射手座的提醒

I、射手座 2023.3 ～ 2026.4 三年間財富總運勢

> 未來三年，（上升）射手座的你，將要面對：
>
> ★★★創造財富的根本：傳統製造，天然淳樸。不喜歡過度加工的生產過程，工作態度也渾然天成。
> ★★★對你來說，最重要的，是：順應潮流，學習智慧語言，引領先驅，創造專業價值與意義。
> ★★★你的課題：調整身心，世事洞明皆學問，人情練達即文章。

射手座的基本財富觀

　　單純直率的上升射手，看似散漫，卻對自己的資源很珍惜，喜歡實用性消費，不會盲目跟隨潮流或購買名牌，寧願把錢省起來買股票或投資房地產。很多上升射手從事財務工作，對數字其實很敏感，完全跟散漫的刻板印象不同。

射手座在 2023.3 ～ 2026.4──哪些產業的情況比較好？

當流年木星在 2023 年 5 月 17 日進入金牛座，也就是你的日常生活與例行工作領域，在得心應手之餘，也要小心容易心寬體胖，享受美食也要注意運動。這是段生活工作愉悅時期，有不錯的穩定收入；但要留意工作壓力，或人際間口舌是非，不要輕易參與八卦糾紛話題，容易公親變事主。處理家事或不動產事宜，留心細節。家人間溝通不易，須耐心面對。

當流年木星在 2024 年 5 月進入雙子座，會認識不少志同道合朋友，或參加有共同嗜好、理念的組織，或宗教信仰團體。若有自家商品，也將透過這些朋友口耳相傳，或社群網路推薦，業績長紅。兄弟姊妹或兒時鄰居同學都可能是貴人。此時忙於社交應酬，拓展人脈，會出現適合的合作對象，配偶也會帶來幫助；單身朋友有機會脫單。若從事補教文化、文字傳媒、觀光旅遊、貿易物流，都有不錯的業績，有貴人相助。

接著，當木星在 2025 年 6 月進入巨蟹座，有機會獲得家族事業資金資源。努力工作獲得紅利獎金，偏財運佳，有機會重新分配財務；或適時出售不動產獲利，甚至海外置產。有另一半的朋友，先生或太太的運勢財運很不錯，伴侶間的感情互動佳；但小朋友的部分，就可能比較有壓力。投資理財，切勿因不錯的手氣而冒進，仍須謹慎，降低風險。

II、射手座 2023.3 ～ 2026.4 財富課題／機會／風險

財富的課題與機會（一）：知識與學習／專業技藝／文化交流

當 2023 年，冥王星進入水瓶座，對太陽或上升星座在射手座的朋友，此時冥王星的位置是在你的 3 宮。

（3 宮，風象，變動性質，對應星座雙子座，對應星水星）

在占星學中，第 3 宮（兄弟宮、學習宮）代表著交流、思考、學習和社交等方面，與語言、文字、訊息、傳播有關，影響著個人的溝通風格、表達能力、知識能量，因此反映出智力、好奇心和求知欲，也可能對教育產生高度興趣，或是有機會在學術研究領域更上一層樓。有些人可能計畫出書。

有些射手座朋友，投入大量時間心力深入研究最先進的科學知識或升級專業能力，極可能為此出國進修、參加研討會；甚至觸類旁通，擴大關注的專業範疇與產業脈絡，也讓人驚嘆於其視野和格局的快速成長。

同時，也不難聯想，旅行、交通、文化交流和外語學習，這些開拓我們眼界、心胸與興趣的知性活動，都與此有關。留學或移民，也可能成為人生選項。

對上升射手座而言，你們的學習不但深具理智與邏輯，從小在科學、數學的表現很傑出；在我自己的人際圈中，就發現很多國際會計師都是上升射手座，且多半聰明風趣。職場上的你，總是充滿思慮縝密的驚奇點子、讓人耳目一新的行銷方

法，尤其對網路或社群媒體的操作敏銳度總是高過他人。

當 2024 年 5 月流年木星進入雙子座，因為雙子座也代表 3 宮，可能透過手足或同學的介紹，參與對你有幫助的團體，或出現投契的合作夥伴，拓展事業。這是段馬不停蹄的拓展人脈時期。有機會脫單；或另一半給予很大助力。

財富的課題與機會（二）：人工智慧溝通與應用／國際發展

當 2023 年 3 月 24 日冥王星第一次進入水瓶座時，射手座可能會更清楚感受到「學習」這件事帶來的壓力，這種變化和轉變是挑戰性的，也將為個人帶來成長和進步的機會。

溝通方面，射手座的你，將以超然的心智與具有深意的邏輯思考模式與人互動。水瓶座的創新科技特質，更激活射手座的潛力，提升你成為人工智慧溝通師的興趣與落實可能性，投身 AI 的開發和管理工作，以增進這些系統與人類進行溝通的品質、效能與成果。

優秀的人工智慧溝通師，除了擁有豐富的專業知識和技能，能理解人類語言和思維的複雜性，並可將這些知識應用於開發各種能持續自行學習與進化的溝通系統。其職責，可能涵括設計程式語言、處理大量語言數據、提升語音識別技術、建立對話機器人和虛擬助手、訓練機器學習模型……等。除了跟進最新的技術發展，也須與其他專業人員密切合作、互動，例如軟體開發與修正人員、數據科學家和用戶體驗設計師等，可

說是個多才多藝的職業，需要精通多種技術和能力。

　　經營管理層或老闆，可以著重國際事業，向更專業的公司取經，擴展版圖；或在內部學習系統或溝通管道，增加人工智慧的導入，交付重複性高的工作，協助員工更有餘裕，激盪更人性的創意。當然，不可能每個人都在科技業，但使用高效能的科技力量完善例行工作，或員工教育訓練，譬如行之已久的機場管理、航空公司報到手續，或一般製造業的倉儲物流運作、旅運業的資訊更新與整合、配套行程的設計、安全監控與急難援助等，都必定更加普及，後續商機可期。

財富的課題與機會（三）國際事業／頂級客製服務／宗教心靈

　　關鍵時間點：2024 年 11 月 20 日，冥王星正式進入水瓶座，直到 2044 年。人類開始新的篇章，冥王水瓶的財富曲線正式啟動。

　　水瓶座的對宮是獅子座，是應對冥王星水瓶蛻變心法的地方，此時獅子座落在射手座的第 9 宮，正是射手座本身所屬的黃道宮位；所以，射手朋友只須自然展現你渾然天成的魅力，不必刻意做作。當獅子的尊貴精神落在屬於你自己的宮位，你將啟動獨到人生觀，並發展長期的心靈與精神寄託。

　　第 9 宮是一個重要的宮位，代表著哲學、高等教育、學術研究等方面；也代表一個人的道德觀與信仰，因此與宗教、靈性探求有關，可說是以精神方面的富足為最高目標：促進個人

的精神成長、對世界的開放和接納,以及對未知事物的探索和冒險。這些都和射手座自身主題密切呼應。第 9 宮的能量,也與射手座的守護星木星有關 —— 因為木星是與哲學、信仰和遠行相關的天體。相較於冥王星落入的 3 宮代表生活日常知識,9 宮則是專業知識或高深的學問。

當獅子座產業來到也代表異國海外的第 9 宮,若你在旅遊業,以國際路線為佳;若想在觀光酒店工作,就請優先關注國際連鎖飯店。若在其他產業,則在國際品牌的場域發展較好,也就是說更適合進外商公司工作。

在更廣義的服務業各領域,則可提供標榜頂級、客製化的 VIP 服務:例如量身訂做的課程、行程,專屬的祕書、服務諮詢專員或者空間,隨時待命的差勤運輸、維修保養或醫療團隊,限額會員制特別待遇或優惠……兼顧了客戶們需求的質感與獲得尊重、款待的渴望,在提升產品、產業自身價值也擴大獲利級距之餘,更建立起品牌忠誠度。

不過,並非每個人都追求頂級消費,也有許多射手座朋友對身心靈修行更有感覺,或想透過禪修或靜坐等方式尋找人生真諦。就產業而言,旅遊業朋友可能會開發以朝聖或宗教文化為主題的行程;或規畫與大自然深度接觸的活動。有些朋友則會寫書或文章,抒發感言或生命經驗,藉由文字淬煉生命。

風險提醒

冥王星的能量，通常被認為是強大而具有轉型和重生的力量，當它在第 3 宮時，可能會導致個人在日常的交流、思考、學習和社交等領域經歷顯著的轉變和變化，而對他人或彼此關係，產生深刻的思考和洞見。

但須留意，宗教方面的過度熱中，可能導致對信仰體系、人生觀的固執和狹隘；或及對未知事物的恐懼與非理性認知。

這是因為，當冥王星落到溝通與人際關係的宮位，也代表著，射手座在這部分有必然的功課：語言文字溝通是雙向的，務必儘可能整體地了解事實真相，而非片面理解。這些人際功課，雖然不是跟財富的追求或積累直接相關，但很可能會在不可知的時刻產生連帶影響，福禍尚難定論。

同儕或兄弟姊妹間可能競爭比較，關係緊張，你可能會懷疑他們話語背後的動機，或感受到威脅，容易疑神疑鬼。但也可能經由這樣的狀態，反躬自省，修正平時的思維模式或生活習慣，進而改善與家人之間的互動。由於流年土星在家庭宮，有些朋友可能搬離原生家庭；或嘗試調整與父母的關係。

由於與家人間互動常有壓力，某些上升射手座的朋友，退入個人內心世界，可能透過文字持續探掘、練習自省，若有契機分享發表，也會牽動他人的理解與關注，進而形成幫助。

小結

　　2023 年 3 月 24 日，自冥王星第一次換位到水瓶座，到天王星在 2026 年 4 月 26 日正式進入雙子座，這長達三年的過渡期，射手座朋友，在這三年意氣風發之時，將尤其深刻感覺到，說話不經大腦思考的困擾，人際關係會受到影響，或團隊難以配合；須多以同理心為出發點與人互動。

　　曹雪芹曾說，世事洞明皆學問，人情練達即文章。人生若無經過一番寒徹骨，焉得那梅撲鼻香。誠哉斯言。

III、射手座 2023.3 ～ 2026.4 三年間，各年財富重點

2023 ～ 2024

　　心寬體胖，工作生活順心如意。重視生活品質。投資理財可參考飲食、健康、美麗或醫療生科相關產業。人際關係緊張，多有口舌是非，宜善用語言文字多方溝通，秉持同理心。

2024 ～ 2025

　　交友廣闊，拓展人脈，有可能遇到適合的合作夥伴，或是順利脫單。工作事業有機會轉換跑道，或進入更好的公司。兄弟姊妹同學是貴人，能助益於口碑行銷或社群推廣。文化補教、貿易物流、文字傳媒等業績長紅。

2025 ～ 2026

　　資金資源整合順利，偏財運佳，多有家族事業或資金支持，可能重新分配資產或不動產獲利。伴侶運勢財運佳。有機會海外置產，或出國長期渡假。投資理財宜謹慎，控管風險，切勿因好手氣冒進。

摩羯

守護星土星，土象星座。基本特質。
星座圖像是羊身魚尾。

上升摩羯座

務實勤勞、責任感重、任勞任怨努力工作，有很強的事業心和成就欲望，
會為了實現自己的目標而不斷努力。少年老成的外表，壯實的身材，給人
穩重可靠、值得信賴的印象。重視傳統的家庭觀念和規範。思維縝密周全，
善於管理和組織，會是個非常好的領導者。

太陽摩羯座 12.22──1.19

黃道帶上的第十個星座。具有謹慎、穩健、勤奮、負責、務實、自律、抗
壓性高，保守、缺乏彈性、習慣壓抑和過於嚴肅等特質。但是不輕易打折
扣的努力和責任感，也使你們成為很多人心目中的值得信賴的人和領導
者。

對摩羯座的提醒

I、摩羯座 2023.3 ～ 2026.4 三年間財富總運勢

未來三年，（上升）摩羯座的你，將要面對：

★★★**創造財富的根本**：會議討論，溝通協調，在工作上達成共識，以多數人意見為決策。

★★★**對你來說，最重要的，是**：境由心轉，以愉悅正面的能量，接受改變，勇往直前。

★★★**你的課題**：世上只有一種英雄主義，就是在認清生活真相之後，依然熱愛生活。

摩羯座的基本財富觀

少年老成的上升摩羯，通常長輩上司緣都不錯，適合在大機構上班；但朝九晚五的固定形式工作的收入或許不足，通常有多元的收入管道，斜槓或外快，或是投資朋友的餐飲店等。上升摩羯也是滿省的，很多東西可能用了很多年都不捨得丟棄，每一件都充滿回憶。

摩羯座在 2023.3 ～ 2026.4──哪些產業的情況比較好？

當冥王星落入財帛宮的那一刻起，你們的財運便水漲船高，正財偏財的運勢逐漸攀升。會因為工作事業勤勉努力，獲得額外獎金紅利；也有來自長輩或意料之外的金錢饋贈協助創業。此時要特別注意健康，不可輕忽身體症狀；尤其流年土星落在溝通領域，會感受到工作上的壓力，或人際關係比較緊張。流年木星會讓你在才華創作有出色表現，收穫舞台聚光。

當流年木星在 2024 年 5 月進入雙子座，日常人際互動改善，工作如魚得水，同事都能給予協助。也有機會透過親友的人脈拓展業績。如果你的領域在醫藥、保健、健身相關，會有出色業績。

接著 2025 年 6 月流年木星進入你配偶與合作夥伴的宮位，貴人湧現，另一半也是你的貴人。有機會順利整合資金或資源，拓展業務；因為手足或朋友介紹獲得新項目，或有長期的合作關係。也可能因緣際會獲得財富，或家族事業有盈利。也有機會因不動產獲利。須特別注意合約內容。

II、摩羯座 2023.3 ～ 2026.4 財富課題／機會／風險

財富的課題與機會（一）：財富獨立／謹慎投資

當 2023 年，冥王星進入水瓶座，對太陽或上升星座在摩

羯座的朋友，此時冥王星的位置是在你的第 2 宮。

（2 宮，土象，固定性質，對應星座金牛座，對應星金星）

第 2 宮通常代表個人的財富和物質財富的積累方式，象徵金錢、收入、價值觀和個人資源，與個人健康相關，是物質安全感之所在，通稱「財帛宮」。由於第 2 宮的主導行星是金星，也意味著對美學、藝術、文化和社會地位的追求。甚至有些朋友可能會選擇醫美，美化自己的外表。

冥王星通常與深層變革、轉化和重生有關。因此，冥王星在 2 宮，可能意味著，個人正在經歷財務或物質方面的轉變，並試圖重新評估價值觀和資源分配，或者是通過自我價值的變革來改變自己的資源狀況。這或許也將使得一直以來秉持的營運獲利模式或既有觀念，徹底改變升級。在第 2 宮的水瓶座，代表非傳統財務觀和價值觀、革新或獨特的特質，會思考透過新的方式來賺錢和管理財務；也代表著對自己的價值，以及財富獨立自主性的強烈渴望。

上升摩羯座的朋友，一向在事業工作上競競業業，當冥王星能量強化金錢物質欲望，會努力賺取或投資；甚至有機會一夕致富 ── 例如早期投資冷門商品或不起眼地段的不動產，突然因需求暴增而致富。也可能之前國外旅遊時，在跳蚤市場不經意買到骨董或藝術品，最近才發現是價值不菲的珍品。不過仍須謹慎理財，避免一下子失去所有。

這是段正財偏財運勢都很好的時期，無論你的事業工作在

哪個領域；如果投資獅子座產業，例如兒童寵物、觀光渡假、藝術創作、運動健身等，都是獲利的好機會。

財富的課題與機會（二）：AI 運用／藝術創意

當冥王星進入水瓶座時，摩羯朋友對金錢的思考，便悄悄地有了不同的想法，此時的工作可能出現瓶頸或需要升級，學習新的概念或技術，無論是在哪個場域，與時俱進的新科技導入，已經是無法避免的。AI 人工智慧將會是我們生活的一部分，應用面愈趨廣泛，也會因每人的場域不同有所調整。學習新的技術或升級版軟體應用，提升效率與利潤，都將讓每個人對於現階段的課業或工作，更加得心應手。

例如，各種年齡階段的學生會被不同 AI 遊戲吸引，藉由有趣的設計模式，更快速、有效地學習和掌握知識，並激發創造力和想像力；不僅從而促進教育的發展和進步，其實也幫助了學生體驗並理解作為未來日常主流的 AI 運作方式。

除此之外，藝術音樂戲劇、文化創意、休閒趣味等領域，也將由於人工智慧的運用與協助，創造更多不可思議的想像空間，例如手遊電玩的設計創作，便因此更加得心應手。

由於冥王星能量會強化賺錢與物質的欲望，即便你並不是直接在上述相關領域工作，仍可考慮投資，有機會獲利。

財富的課題與機會（三）：保險業／身心靈產業

關鍵時間點：2024年11月20日，冥王星正式進入水瓶座，直到2044年。人類新篇開始，冥王水瓶的財富曲線正式啟動。

水瓶座的對宮是獅子座，是應對冥王星水瓶蛻變心法的地方，此時獅子座落在摩羯座的第8宮，這是個財富資源整合的宮位。

過去的你，習慣單打獨鬥，或在團隊中認真地做份內工作；但當冥王星轉入水瓶座時，你讓自己豐盛的地方，則是將資源結合，借助他人的強項，擴大效益。第8宮也象徵保險業，或者與死亡議題有關的殯葬服務業。

另外，與身心靈相關的產業，像是冥想或瑜珈課程，只要能幫助大家獲得心靈上的平靜與平衡，都是你值得關注的跑道。情色產業也是屬於8宮。

療癒心靈，已經不只是心理諮商師可以辦到，反過來說，也意味著對於身心安頓的需求正以令人難以想像的速度增加；人類在高度科技的急速發展下，似乎更容易迷失初心 —— 這也是8宮「貪嗔癡慢疑」之所在。但這也是重要提醒：科技始終來自人性；善用科技，終究是為了提升生活與心靈品質。

這段時期，無論是資金或資源的整合、重新分配，你都非常精明並且高獲利，令人羨慕。不過，如果能在累積財富過程中，內觀心中的原欲，轉化金錢能量，貢獻於社會與人類，更是無可計量的福報。

風險提醒

冥王星進入摩羯座的財帛宮（第2宮），同時也意味著財務方面的不穩定性和波動性，需要更具創造力和獨立性的方法來管理。有些人可能會有不可思議的橫財，但並非人人都有，切勿過度期待。

另外，此時你的第2宮主導行星金星，代表愛情與金錢：愛上不可能的對象，閃婚閃離，一夕致富或破產跌落神壇，都極可能發生。這段時期充滿不確定性，這些意外的驚喜或驚嚇，都是你不得不調整價值觀的契機。例如，幸福的真諦就是物質享受？如果無法擁有金錢物質，人生是否就失去意義？這都是流年冥王星在水瓶座的課題。

此外，2宮也代表我們的健康，若出現症狀，都不可輕忽。2宮的安全感包括身體與外在物質，這都是我們擁有的東西，當冥王星降臨，強化對於這份安全感的危機時，更要找到生命的平衡點，好好體驗生活。

小結

羅曼·羅蘭曾說，世上只有一種英雄主義，就是在認清生活真相之後，依然熱愛生活。

2023年3月24日，自冥王星第一次換位到水瓶座，到天王星在2026年4月26日正式進入雙子座，這長達三年的過渡期，摩羯座朋友，對曾經深信不疑的價值觀或生財模式，有很

大的改變，會對自主性高的多元收入模式更感興趣，放棄限制高的傳統固定工作，嘗試從事創新有趣的領域。

III、摩羯座 2023.3 ～ 2026.4 三年間，各年財富重點

2023 ～ 2024

　　工作事業勤奮努力，表現出色，長官認可，有紅利獎金或餽贈；人生舞台聚焦，創業朋友資金資源整合漸入佳境，正財偏財運勢攀升中。從事藝文設計創作、影視明星、觀光運動表現優且獲利，兒女才藝表現出色。

2024 ～ 2025

　　例行工作生活日常得心應手，商品口碑廣為流傳，業績長紅。須注意工作壓力與人際關係。奔波辛苦，但有勞必有所獲。投資理財有不錯獲利，但須謹慎，降低風險。

2025 ～ 2026

　　財運順遂，貴人湧現，有機會出現適合的合作對象；伴侶也可能是貴人。整合資源資金順利，拓展事業版圖業績向上，有長期合作的項目或對象。有機會處理家族資產或受到支持創業。

水瓶

守護星天王星、土星，風象星座。固定特質。星座圖像是拿著水瓶倒水的童子。

上升水瓶座

擁有獨立、創新、理性、非傳統與好奇心等特質。重視自由、平等、人道主義等價值，對於社會和政治問題常有自己的見解和立場。具有敏銳洞察力和前瞻性，喜歡探索未知領域，是一群勇於創新的人才。通常給人很酷的印象，習慣獨立自主，不喜歡被限制和約束，有時會給人冷漠或疏離的感覺；實際上他們非常關心人類和社會發展，希望為世界做出貢獻。

太陽水瓶座 1.20──2.18

黃道帶上的第十一個星座。具有創新精神、能獨立思考、注重科學理性與邏輯。有些固執、叛逆和不願接受傳統框架，拒絕成見或刻板印象，以及人云亦云的簡化價值觀，並關注邊緣族群的處境。這使你們成為很多人心目中的探險先鋒和改革者，很多社會運動人士都具有水瓶座能量。

對水瓶座的提醒

I、水瓶座 2023.3 ～ 2026.4 三年間財富總運勢

未來三年，（上升）水瓶座的你，將要面對：

★★★**創造財富的根本**：嚴謹以待，對於工作上的挑戰與改變，以保守念舊的心境面對，謀定而後動。

★★★**對你來說，最重要的，是**：不經一番寒徹骨，焉得梅花撲鼻香；經歷過一番風霜，未來更加光彩耀眼。

★★★**你的課題**：你自己與家人就是最好的貴人桃花，卸下心防，讓自己透過與其他人的連結有所成長。

水瓶座的基本財富觀

　　特立獨行的上升水瓶，貌似酷感十足，金錢觀卻是散漫無章法，常不知道自己有多少錢，也不知道帳單繳了沒，對數字很遲鈍，很容易上當的。建議找個比較有財務觀念的對象或合作夥伴，以補不足之處。

水瓶座在 2023.3 ～ 2026.4——哪些產業的情況比較好？

當 2023 年 3 月 24 日冥王星轉入水瓶座時，你的內心激起千層浪花；改變現況，突破困境，勢在必行。改變的決心與力量，來自強大的內心，進而顯化於外，突破層層關卡，升遷順利、轉職成功、挑戰成功。

當 2023 年 5 月流年木星轉入金牛座，有些水瓶座朋友可能會尋找老宅或自家祖屋，打造成有趣的文創商業空間。或者可考慮不動產、居家住宅有關產業，像裝潢設計、家具家飾或骨董家具等；或以女性或家庭為主要消費群，尤其是美麗產業，美妝美容美體或醫美，養生健康等。當然，不見得每個人都適合這些產業；投資或找到合作切入點，仍會有獲利。以家庭為主要對象的產業，如觀光度假酒店，也可作為投資理財標的。

當流年木星在 2024 年 5 月轉入雙子座，有關兒童寵物、觀光度假、藝術創作、文創文化、運動健康、影視娛樂、手遊電玩、網紅網美、直播帶貨、頂流消費等，都會是你發揮行銷長才的領域；如果已經在這些產業裡，可升級專業知識，注入多元行銷層次。此時偏財手氣不錯，但建議保守操作。

2025 年 6 月，流年木星轉入巨蟹座，日常生活與工作狀態良好，人際關係或文字溝通、行銷類業務游刃有餘，教育學習、通訊傳輸、文字媒體、交通物流或旅行，都可考慮。

建議注意不顯眼的例行工作，勤做檢查，防患未然。手足同學或同事都是這段時間的貴人，值得多留意。

II、水瓶座 2023.3 ～ 2026.4 財富課題／機會／風險

財富的課題與機會（一）：打破現狀，放棄舒適圈

當 2023 年，冥王星進入水瓶座，對太陽或上升星座在水瓶座的朋友，此時冥王星的位置是在你的 1 宮（也是本命宮）。

（1 宮，火象，基本性質，對應星座牡羊座，對應星火星）

在占星學中，第 1 宮是星盤中最重要的宮位，第 1 宮的起點，就稱之為上升星座，代表一個人給人的第一印象，外貌特徵與自我形象的表現。第 1 宮的位置，由出生時間為升起點（即東方地平線上的點）決定，因此它在每個人的星盤中都是獨一無二的。

第 1 宮所代表的是個體的自我意識、自我表達和行動風格。它反映了一個人的外貌、身體特徵、性格特點和行事風格。也與領導能力、行動力和自信心相關聯。此外，第 1 宮還可以提供關於個人的整體能量、目的或使命的線索。它對於理解一個人在生命中的起始點和核心特質，非常重要。

當流年冥王星落入 1 宮，也就是水瓶座自己的本命宮時，內心會有股強大力量，義無反顧地推翻現況，顛覆目前持續一段時日的狀態，就像是，辭掉十幾年來的高薪工作到台東務農開民宿，或移民海外，放棄舒適圈，挑戰未知的未來。

無獨有偶地，水瓶座的守護星天王星，在 2026 年 4 月進入雙子座，水瓶座的才華創意宮位（第 5 宮），同樣象徵著無

法再忍受現況，迫切希望改變，為自己創造全新舞台。因此，在這三年當中，你會不斷地探索與嘗試不同領域，藉由強大的內心力量，實現隱藏已久的夢想，創造生命的價值與財富。

財富的課題與機會（二）：放下執念，改變生命

當冥王星轉入水瓶座，風起雲湧激起千層浪花，冥王星就是個掀開內心深處渴望的超級火種，是最原始的生命力量與生存意志的所在。它也代表著被我們遺忘的事情，當它出現在水瓶座的本命宮時，會喚起最不願面對和想起的部分；而水瓶座的改革天性，會直面問題並改變它 —— 比方說在人際或工作，長期接受某個狀態或價值觀，突然不願繼續或忍耐；這個念頭可能已潛伏數月或數年，此刻有了決斷，毅然反抗或離開。

冥王星將在水瓶座停留二十年（到 2044 年），除了自我改變，與周遭人事物的關係也悄悄變化中，影響財富能量。上升水瓶座多有不落俗套的觀點，進而改變做法；事實上，當你認知到「改變」，放下心中執念時，能量的轉換就已經啟動，無論是幫助別人或自我調整。

其實，水瓶座的你們，是充滿無限創意的一群人，在任何產業，只要發揮創意能量，便能創造價值與財富。各種以創意為主軸的產業，亮麗表現將不在話下；就算是相對傳統的各種領域，例如觀光旅遊、寵物、美容、家庭消費等，你也必定能提出別具吸引力的方案，或讓人驚喜的互動想法。

財富的課題與機會（三）：創意服務，與人連結

關鍵時間點：2024 年 11 月 20 日，冥王星正式進入水瓶座，直到 2044 年。人類新篇開始，冥王水瓶財富曲線正式啟動。

水瓶座的對宮是獅子座，是應對冥王星水瓶蛻變心法的地方，此時獅子座落在水瓶座的 7 宮（夫妻宮）。7 宮代表自己以外的人際關係，夫妻、親密關係、合作夥伴。

在這裡，水瓶座要好好想想如何與親近的人建立和諧快樂的關係，對於有婚姻的人而言，你可能會創造浪漫驚喜，讓感情再升溫。單身的你，可能找到終身伴侶，或鍾愛一生的對象。

對於工作或事業，會有適合的合作對象出現，也適合從事與服務業相關的產業。這是個以你自身才華，透過創新或新的獲利模式，以同理心的初衷提供最佳服務，與他人優質互動的階段 —— 比方說，你的法律顧問專才的服務就是特別受歡迎，業績比別人好；或是同樣的訂位點餐軟體設計，你的巧思就是能受到客戶的青睞。在人際關係上，你也會改變自己一貫的酷，主動與朋友聯繫關心他們。

這是一個除了「自己」以外的地方，強調自我與他人相處的模式，對於上升水瓶而言，在人際關係上，有距離的互動模式並不容易調整，但唯有修正自我，與他人連結互動，才有辦法獲得資源、良緣，或是創造事業的機會。此時正是調整自我，讓人際關係更為平衡的時期。

風險提醒

當流年冥王星進入水瓶座時，對多數上升水瓶座朋友而言，無疑是震撼彈，無論是在職場已久，退休人士，甚至學生，都會反思自己的人生意義，並對一直以來的信念提出問號。

經過思考或與朋友探討之餘，無論面對什麼決定，仍須審慎思考動機、後果與代價，小心一時熱血衝腦，賠了夫人又折兵。因為並不是所有人都能放棄現有的一切，順利轉換跑道，同時賺取收入與自由。

無論什麼夢想，都必須有具體可執行的企畫案才能成功。由於土星在財帛宮，對金錢資源分配是有點壓力的。

由於你們這段時期你們的創作力指數爆棚，手氣與偏財運也很不錯，只要在對的方向上努力，一定能看到成果。但須注意陷阱，或過度樂觀的評估；不妨從多種角度進行檢視。

小結

自 2023 年 3 月 24 日，冥王星第一次移宮換位到水瓶座，到天王星在 2026 年 4 月 26 日正式進入雙子座，這長達三年的過渡期，水瓶座朋友，有可能因為某個事件，脫胎換骨或有了完全不同的想法。就像是在山上住了二十年，突然決定搬到海邊，儘管還有許多需要調適的地方，但見招拆招還是比起一成不變來得好。這三年會遇見很多貴人，也找到前進方向。

III、水瓶座 2023.3 ～ 2026.4 三年間，各年財富重點

2023 ～ 2024

強大的內心力量，突破窠臼改變現況，探索嘗試各種可能。投資理財金融市場宜保守。美麗產業或家庭消費產業，都可參考；設計改造老宅成為打卡景點，也會有新穎創意。

2024 ～ 2025

以網路為主的行銷策略，創造話題。運動健身、兒童寵物、趣味商品、手遊電玩、頂層消費、將寵物明星化等，都可嘗試。結合與眾不同創意，將更令人耳目一新。

2025 ～ 2026

強大的心念創造豐盛。過去的探索嘗試，在此刻訂定努力方向，徹底落實延宕許久的夢想。充滿創意的產品或行銷策略，或導入新科技，都能為未來創造更多價值與財富。

雙魚

守護星木星、海王星，水象星座，變動特質，星座圖像是兩條連在一起朝不同方向游動的魚。

上升雙魚座

有著情感豐沛、敏感溫柔、慈悲寬容等特質。富有藝術天賦，對音樂、文學、電影等創作，都能有較深的感受和理解。外表給人嬌弱、須被保護的形象。有較強的直覺和靈性，善於感知環境或他人的情感狀態，能夠迅速地調整自己的情感和行為。

太陽雙魚座 2.19──3.20

黃道帶上的第十二個星座。富有想像力、浪漫、善良。可能也有些優柔寡斷、易受影響、缺乏自信，但是緻密浪漫的感性和創造力，使你們成為人們心目中的藝術家和靈性導師。

對雙魚座的提醒

I、雙魚座 2023.3 ～ 2026.4 三年間財富總運勢

未來三年，（上升）雙魚座的你，將要面對：

★★★**創造財富的根本**：全力以赴，在工作的舞台中完全展現才能，才華洋溢，燦爛奪目。

★★★**對你來說，最重要的，是**：在平凡中，創造不凡。全力以赴更須注意健康，避免成為工作狂。

★★★**你的課題**：以涅槃重生創新力量，將心念顯化為信念，創造豐盛的人生。

雙魚座的基本財富觀

充滿靈性與慈善的上升雙魚，其實超愛賺錢的。大膽投資理財，累積財富，是 12 星座之最，並樂意將資源與眾人分享。總是認真地在份內工作盡心盡力，以投資理財證明自己，無論是支持自己的夢想或贊助公益。仍建議不要輕易衝動。

雙魚座在 2023.3 ～ 2026.4——哪些產業的情況比較好？

當流年木星在 2023 年 5 月 17 日進入金牛座時，工作事業有實際的收穫，行銷業績成效滿意，同儕人際關係互動不錯，平常的工作表現也很亮麗，尤其對於正在讀書的同學是好消息。若你在房屋仲介業，或是貿易、銷售業，業績突出獎金落袋，可能會有花錢衝動，要請朋友家人拉住你；若一定要投資，請以不動產或保守投資優先考量。

接著流年木星會在 2024 年 5 月轉入雙子座，可專注在以女性或家庭消費為主的產業；也有機會透過不動產或房地產買賣獲利。家人、兄弟姊妹或同學，會在你需要時伸出援手——無論是頭腦打結時，或是不知道如何處理資產時，他們都會是適合的貴人。投資理財必須確認各種資訊後再決定，避免熱血冒進。這段時期也很適合學習，升級專業能力。

2025 年的 6 月，流年木星來到巨蟹座，同時流年海王星也來到你的財帛宮，這對你的金錢觀或價值觀有強烈影響。有些人可能因為追求靈性，認為錢一點都不重要；有些人則會覺得沒有錢萬萬不能，更專注賺錢。由於流年土星在 5 月 25 日由雙魚座轉入牡羊座，也就是你的財帛宮，金錢或物質觀念這件事，必須慎之又慎對待，不盲目投資或輕信建議——這是段容易荷包大失血時期，請務必讓好友與家人們看緊你。

總之，由於流年木星的關係，你在工作舞台上表現優異，偏財運佳，也有不錯的手氣；小朋友才藝亮眼。有機會帶家人

一起旅遊。另外，因為冥王水瓶的蛻變心法在獅子座，投資理財在獅子座產業（藝術創作、創造夢幻、影視動漫等相關方向，或其特質在日常、各產業顯現的部分）都是不錯的選項。如果有機遇進入獅子座相關產業，不妨付諸行動。

II、雙魚座 2023.3 ～ 2026.4 財富課題／機會／風險

財富的課題與機會（一）：電影／藝術創作／虛擬創造

當 2023 年，冥王星進入水瓶座，對太陽或上升星座在雙魚座的朋友，此時冥王星的位置是在你的 12 宮。

（12 宮，水象，變動性質，對應星座雙魚座，對應星海王星、木星）

占星學中的第 12 宮，是整個星盤中最後一個宮位，被認為是與個人潛意識、隱藏的祕密、過去生活經驗有關的領域。它涉及個人的內在世界、夢境、靈性等。我們也稱它為玄祕宮、因果宮、福德宮等等。

這裡是十二個宮位的終點，卻是孕育第 1 宮生命的所在，也是來到世上之前所發生的事。它象徵著生命中我們所不知道的部分，神祕玄妙，也被稱為業力 karma 之所在 —— 業力不是宿命論或預言，而是指向我們創造和改變的能力。生命之所以饒富創意，因為雙手掌握未來，瞭然於心；之所以改變，是

因為行為的動靜和緣起，操之在我。12 宮也象徵休息、退休或修行的地方、醫院監獄等場域。

象徵毀滅重生的冥王水瓶來到雙魚座的 12 宮時，心靈所依託的非現實面、夢想世界可能會受到影響，在疫情時代的重建中，上升雙魚座對於物是人非，或老店結束經營，比其他星座更加感觸良多，有可能產生較悲觀的想法。所幸，流年土星更早地在 2023 年 3 月 7 日就到了雙魚座，率先遏止了悲觀情緒的蔓延。

同時，冥王星能量會強化我們非物質的部分，是以，創造夢幻或藝術也在 12 宮，例如電影或各種虛擬影像創作都在裡。加上行運海王星（雙魚座能量）在之前的水瓶座時期（1998 ～ 2012）早早打下深廣基礎：我們不但廣泛使用網路，更有了虛擬世界，產生了 AR（擴增實境）、VR（虛擬實境）、IR（融合實境）等。寶可夢絕對是將虛擬世界融入人類生活的最著名例子；日本虛擬動畫歌手「初音未來」於 2007 年初登場，雖非模仿人類歌唱的軟體創舉，但擬真度與細節高於以往，在當時也為電子音樂創作掀起熱潮，更推動業餘音樂製作的革命，加速日本消費者自組媒體發展。甚至刺激到音樂創作以外的繪畫、動畫創作。

財富的課題與機會（二）：藝術創作／動畫師

當 2023 年 3 月 24 日冥王星第一次進入水瓶座時，你可能會感受到某些無預期的人事物突然出現，而有些不安，這與流年土星正在雙魚座的本命宮也有關連：雙魚座的特質是夢幻不著邊際，但是土星限制了這種無邊無際的散亂幻想。幸運的是，流年木星在你的學習宮，就像一個功課平平、愛作夢的學生，突然受到刺激，痛定思痛後決心發憤圖強，更獲得好的學習管道，或師長給予協助與鼓勵。

在藝術創作領域有機會更上層樓，或終於下定決心，認真投資自己。各種藝術創作的作品或展演，不論是音樂、繪畫、動畫、充滿創意的手作，都有機會透過網路或社群平台更被看見和認同。

雙魚座的情感與藝術天分，就是比其他星座多一點，兩條優游自在的魚兒，相互追逐嬉戲，難以感受俗世間的限制。所以，在藝術創作、文藝寫作的靈感，是更加敏感的。流年土星會待在雙魚座直到 2025 年 5 月 25 日，從 2023 年此際開始，有差不多兩年的時間釐清想法，加上多元的學習，會是很扎實的打磨技藝、好好完成作品的時光。更重要的是，上升雙魚座的朋友，多半會選擇充滿創意樂趣性質的工作；因此會是十二星座中比例最高、最有可能投入獅子座產業的族群。

財富的課題與機會（三）：運動管理／兒童才藝／長照／醫美

關鍵時間點：2024年11月20日，冥王星正式進入水瓶座，直到2044年。人類新篇開始，冥王水瓶財富曲線正式啟動。

水瓶座的對宮是獅子座，是應對冥王水瓶蛻變心法的地方，此時獅子座落在雙魚座的第6宮（工作宮）：勤奮工作，充滿創意，將項目主導權掌握在手，戰戰兢兢事必躬親。在工作上適合 PM 角色，創意或藝術總監，在平凡中創造不凡。

若你在運動訓練領域，營養師、瑜伽老師、健身教練，或運動員顧問等，都是很適合你發揮長才，為客戶或學生量身訂做營養控制與健身計畫，提供他們需要的幫助。

獅子座同時也象徵小朋友，與各種才藝表演。所以，充滿耐心與愛心的你們，可能成為照顧或教導小朋友的老師，在幼稚園或才藝班工作，或以此為發展核心的其他領域。

健康、飲食與醫療產業也是第6宮的領域，像是協助銀髮族群的養生、運動規劃，量身訂做營養餐，兼具創意與實用的輔具、生活用品、餐具等；或讓人更美麗、維持青春健康形象的醫美，以及相關美容產品、藥品等。或是創意主題餐廳，養生蔬食館等等，都是上升雙魚可考慮投入的產業。

其他與獅子座產業相關的工作，像是能夠讓天馬行空想法淋漓盡致地發揮的旅遊觀光、主題樂園、藝文創作等等，對於上升雙魚的你，都將根據自己的專長，在不同的領域一展長才。

畢竟，將這些充滿創意與樂趣的產業當作固定工作，也有足夠愛心耐心面對各種狀況，是樂在其中的。

風險提醒

當流年冥王星落在 12 宮，又適逢流年土星又在 1 宮，上升雙魚座其實不好受，有種業力大爆發般的壓力。

過去隱晦、忽略的事或擔憂害怕，浮上心頭困擾你，很多事也無法隨心所欲，受到限制的壓抑令人沮喪。這段心靈煎熬時刻，所能做的，就是讓自己忙碌，透過工作去覺察想法。有人會透過服務別人，或人際互動，找到生命的意義，或重新定位人生目標。

投資理財部分，有些朋友可能有不得不花錢的壓力，像是家人、工作上必要的支出，務必理智地規畫現有資源與資金，選擇風險較低的理財方式，斟酌開銷。

或許有機會在流年木星進入巨蟹座（2025 年 6 月）後，購置房產，或裝潢改善居家環境；或因買賣不動產獲利 —— 但都須以謹慎理財為大前提。

人生多有起伏跌宕，風水輪流轉，這是段先蹲後跳的沉潛時期，學習新的知識或專業，都是為更好的將來舖墊。人生每個階段有其意義，都是持續激發內在潛能，創造豐盛的能量。

小結

　　自 2023 年 3 月 24 日，冥王星第一次移宮換位到水瓶座，到天王星在 2026 年 4 月 26 日正式進入雙子座，這長達三年的過渡期，雙魚座朋友，就像你在山上住了二十年，非常掙扎要不要搬到海邊，你不斷地評估也不斷糾結，會偶爾去海邊住幾天，實際感受並評估，而僅僅是這個評估，就花了三年。這是需要透過親身體驗，才有辦法決斷人生方向的過程。

III、雙魚座 2023.3 ～ 2026.4 三年間，各年財富重點

2023 ～ 2024

　　工作上人際互動良好，多桃花貴人相助，業績長紅獎金落袋。利於學習新知，升級專業知識。文字創作傳媒行銷，讓人刮目相看。學生學習狀態佳、成績優，訂定努力方向，創造人生新目標與價值。

2024 ～ 2025

　　專注於以女性和家庭為主的產業，不動產和美麗事業值得參考。家人手足與同學是貴人。透過多元學習找到自我價值。投資理財，低風險為佳。有機會海外置產或出國渡假兼讀書。

2025 ～ 2026

工作舞台表現亮眼，職場菁英成績斐然，偏財運佳。適合家庭度假旅遊。交易須謹慎多方瞭解，以免受騙。財產資金宜保守分配，以免盲目投資。有機會購置不動產，或裝潢改善居家品質。

2023 到 2026 各年間重要日期與提醒

財富機運三年簡曆

三年間重要星象時間點

◇◇◇◇◇◇◇◇◇◇ ◆ ◇◇◇◇◇◇◇◇◇◇

2023 年：迷霧森林，有跡可循

◆ **3.24 ─ 6.10：**冥王星轉入水瓶座。

之於占星學，春分（3.21）才是真正的一年之始。在此之前，土星轉入雙魚座（3.7），雙魚的愛與包容融化了許多框架與包袱，隨後冥王水瓶驚鴻一瞥，為我們帶來爆炸性的新知識，並潛藏後續翻轉世界的後勁。

這三個月間，彷彿交響樂序曲，讓我們淺嘗冥王水瓶的威力；6月間冥王星將再次回到摩羯座，讓人們或是調整心境，找尋應對方法，或是準備道具面對衝擊。

◆ **4.28 － 10.13**：冥王星在水瓶座退行，6.11 退回到摩羯座。

◆ **5.17 － 2024.5.27**：超級吉星木星轉入金牛座。

◆ **8.24 － 9.15**：水星在處女座退行。

水逆期間六顆行星：水、金、土、木、海王、冥王，同時退行修正軌道。是相當重大的星象變動。各行業將有重磅級整頓。社會氛圍激烈混亂，令人憂心。

水星處女－冥王摩羯－天王金牛，形成土象大三角。

◆ **9.4 － 12.31**：木星在金牛座退行。

◆ **12.13 － 2024.1.2**：水星再次於摩羯座退行，在 1.2 退行至射手座停止逆行。此時會有失序後重生的感覺。

2024 年：衝突矛盾，生機盎然

◆ **1.21**：冥王星再次進入水瓶座，與正水瓶座的太陽合相（冥日合）。冥王星和太陽形成合相時，強大的力量創造出強烈的轉變與重生能量。人總在不得不轉彎時，以宇宙洪荒之力尋找到新的方向，開啟新的面向，我想那應該就是所謂的逆增上緣。

◆ **2.10**：水瓶新月除舊迎新。此刻太陽、水星、冥王星都在水瓶座。農曆春節，甲辰木龍年到來。對未來充滿期待與寄望。

◆ **2.17**：冥王星與金星在水瓶座合相。日水金火冥皆在水瓶座。旅途中可能有意外戀情。或有意外之財，偏財手氣佳。

◆ **4.1 — 4.25**：水星在牡羊座退行。4.3 海王星金星合相在雙魚座，這天，水逆期間同時有土、火、金、海王等行星在雙魚座，意義非凡。

◆ **4.8**：日全蝕在牡羊座新月，同時水星與金星皆在牡羊座。日月蝕在星象學上，意義非凡。此次強大能量影響深遠，長達三年。創新思維與價值，會讓全人類更堅定其動力的方向。

關於 4.8「日蝕」的提醒

1. **能量重置，歸零重啟**：日蝕就像電腦重開機，事件重組、能量衝撞，情緒會夾雜各種矛盾、衝突或糾結。生日在 4 月 8 日前後三天，或上升星座在牡羊座的人，極端的情緒會相對劇烈。
2. **大事起止，走勢無常**：日蝕，往往是戲劇化的代名詞。有可能是重大事件的出現或結束，並且是雲霄飛車級別的高低跌宕起伏。
3. **重大決定，切勿躁進**：日蝕期間能量四射、磁場重組，輕率決定可能難以轉圜。日蝕前後一週，大事不輕率做決定，一動不如一靜。

4. 勿信傳言，遠離是非：日蝕期間，公領域輿論混沌，小團體八卦不斷。切記公私分明，謹言慎行；不傳播消息、不評論是非，才能遠離風暴核心！

◆ **4.10**：土星火星合相在雙魚座。許多先前勾勒的藍圖計畫，此時會被再次討論執行的方法。也要留意流行疾病傳染。

◆ **5.1**：牡羊座的守護星火星，回到牡羊座。此時火星力道全開，水星也在牡羊座。此時將直接點燃各產業事業能量。

◆ **5.2 － 10.11**：冥王星在水瓶座二度退行。直到摩羯座 29 度停止。

◆ **5.16 － 5.20**：金牛座同時有日水金木天五星。5.19，金牛座有太陽木星合相 28 度，天王星金星合相 23 度，水星在金牛座 4 度。社交聚會認識朋友不斷電，透過各行各類朋友，結合資源，形成大聯盟成就大事業。金融銀行或不動產，會有令人振奮的政策或消息；生技醫療美容等產業也有機會創造佳績。

◆ **5.24**：金星進入雙子座。此時媒體輿論熱烈，旅遊貿易商務活絡。

◆ **5.27 － 2025.6.10**：木星轉入雙子座。

◆ **6.4**：水星進入雙子座，形成日、水、金、木四顆星在雙子座。

◆ **6.30**：土星於雙魚退行。7.2 在雙魚座的海王星也開始退行。

形成土雙魚與金巨蟹三分相。

◆ **7.15**：天王星與火星在金牛座 26 度合相。這是個容易有天災、重大意外災害與血光之災的相位，在日常生活或差旅期間都要多加小心，注意安全。也須留意身體狀況。與人溝通，要避免過度激烈。

◆ **8.5 － 8.28**：水星在處女座退行。此時有水、土、海王、冥王四星退行。處女座也代表輿論，此時社會氛圍多有批判的聲音。

◆ **9.1**：天王星在金牛座退行。三大外行星同時退行，另加一個土星。象徵新的階段的開始。全世界快速變化中，很多熟悉、習慣的舊事物或生活模式，不知不覺就被取代了。

◆ **10.9**：木星開始在雙子座退行修正，所有外行星（木、土、三王）皆在退行狀態。

◆ **10.11**：冥王星在摩羯座停止退行，與月亮合相。

◆ **11.1**：天蠍座新月。冥王星摩羯與火星巨蟹 29 度正對分相。非常可能出現爆炸性醜聞。
水星天蠍、海王星雙魚、火星巨蟹形成水象大三角。

◆ **11.20【★重要！】**：冥王星正式進入水瓶座（～2044 年）。人類開始新的篇章，冥王水瓶的財富曲線正式啟動。（請參見各星座財富課題）

◆ **11.26 － 12.15**：水星再次在射手座退行。期間火星在獅子座 6 度開始退行。水火同時在火象星座退行，真的是「轟

轟烈烈」。彷彿鎮暴力量，遏止了水火沖天的漫天能量，
也似智者攔住了脫序的八卦氾濫。

2025 年：紛紛擾擾，挑戰人心

◆ **1.29**：農曆春節期間，天王星、木星、火星逐次停止退行，
  回歸自己的軌道。

◆ **3.14 － 4.7**：水星在牡羊座退行。同時金星也在雙魚座退行。
  此時火藥味十足，說話不留餘地；因而要更加謹言慎行。
  注意交通安全。

◆ **3.20**：春分。日、水、金三星都在牡羊座，迎接即將到來
  的海王星。

◆ **3.30**：海王星第一次進入牡羊座。海王星進入牡羊座，象
  徵著為理想而奮鬥；人們會更考慮他人的感受，取代過去
  的批評謾罵。

◆ **5.25**：土星進入牡羊座，與海王星合相。土星的壓抑框架，
  約束了牡羊海王的個人主義擴張色彩。

◆ **6.10 － 2026.6.30**：木星在巨蟹座。

◆ **7.7 － 11.8**：天王星第一次進入雙子座，與金星合相，與冥
  王星水瓶座成三分相；此時木星太陽都在巨蟹座，土星海
  王星合相在牡羊座。叛逆天王落入變動風象星座，改革舊

思維是必然的，每個人所屬業雖異，但不變的真理就是變。這也是個藉由學習提升自己、結合資源進行創新的階段，網路結合 AI，就是天王星也是水瓶座的最佳代言。

- **7.18 − 8.11：**水星在獅子座退行。社會輿論紛紜，嚴厲批判，氛圍異常混亂，令人煩心。

- **11.10 − 11.30：**水星在射手座開始退行。木星在巨蟹座退行。天空中形成五星（水、木、土、天王、海王）退行狀態。此時值得關注的，多具國際性質：各種事務、市場可能面臨調整；旅運延誤；學術方面，或許會爆發假論文醜聞。

- **12.10：**海王星在雙魚座停止退行，朝牡羊座前進。醞釀很久的夢想，終於來到最後的蓄積能量階段。

- **12.12：**水星進入射手座，太陽、金星、火星也在射手座。社會氛圍充滿正能量，撥亂反正的正義感瀰漫。

2026 年：走出迷霧 回歸軌道

- **1.2：**太陽、水星、金星、火星都在摩羯座。許多政策和公司條例，此時都會開始實施或頒布。

- **1.26：**海王星正式進入牡羊座。為理想或信念而努力的時期到來了。奮戰序幕開啟。

- **2.14：**土星進入牡羊座與海王星 0 度合相。土星限制了浪

漫無邊的海王星，讓理想有計畫地執行。

◆ **2.26 － 3.20**：水星在雙魚座退行。逆行是修正契機。此時將以客觀的解析、務實的規畫，落實計畫與夢想。

◆ **4.26**：天王星正式進入雙子座，與金星合相；天王雙子與冥王水瓶，形成三分相；海王牡羊則分別與天王雙子、冥王水瓶呈六分相。三大外行星（天王、海王、冥王）完成移動，總算穩定地進入新的星座，展現它們的能量，正式為人類開啟新的里程碑！尤其天王星╳冥王星的改革變化，將在未來的通訊科技創造新紀元，讓人拭目以待。

什麼是「相位」？

在以下的時間表中，會不時提及占星學上的一個專有名詞「相位」（aspect）—— 這是指在星盤中，兩顆行星位置在黃道帶彼此間形成的關係角度，對應著地球上人們的生活、事務的發展與轉變方向 —— 因應不同行星特質的交互作用，會形成相當複雜（且須依個別情況觀測、調整）的解讀系統。以下僅簡略介紹：

主要的相位有五種：合相（0 度）、六分相（30 度）、四分相（90 度）、三分相（120 度）、對分相（180 度）。

兩顆行星「**合相**」，象徵著能量彼此結合、強化交融，以及重要驅動。例如當流年木星與個人命盤上的金星合相時，就很可能有新的戀情、或得到財富，或因某些人事物，心情超級愉悅。

兩顆行星呈「**六分相**」，代表調整正能量的媒介，通常會視為工作或學習上有良好互動。例如，當流年木星與命盤中的水星成六分相，職場或課業，都有向上提升的好機會。

兩顆行星呈「**四分相**」，是個比較受限或壓抑的狀態，例如當流年土星與個人命盤中的水星成四分相時，工作或課業上的溝通、學習，會感受滿大的壓力，或被迫執行不喜歡的工作、學習不喜歡的科目。

兩顆行星呈「**三分相**」時，代表順其自然地幸運和諧發展，這是很幸運的相位。例如，當流年木星與命盤中的水星成三分相時，工作順利，甚至轉換至更好的職位；課業也超棒。只要努力，必心想事成。

當兩顆星成為「**對分相**」時，180 度的對面拉扯，形成衝突矛盾，或受制於對方的壓力。例如，當流年土星與命盤中的金星成對分相時，無論是賺錢還是談戀愛，都是比較辛苦的階段。

2023.3 到 2026.4
各星座財富運勢重要時間點

牡羊｜金牛｜雙子｜巨蟹｜獅子｜處女
天秤｜天蠍｜射手｜摩羯｜水瓶｜雙魚

2023.3.24 – 2026.4.26

牡羊座

以上升星座為主，太陽星座其次

2023 年：優游江湖

◆ 4.28 – 10.13 ◆

冥王星再次退行，6.11 轉回摩羯座。

5、6月間，適逢畢業前夕，許多年輕學子即將踏入社會，此刻「尋找對的方向」會是挑戰；若能以興趣、所學去規畫，投入產業，畢竟不會太遠。另外，學習快速變化的科技新知，運用於服務業或是相關產業，都是好的開始。

不妨多參加不同社團，發掘興趣與可能，有機會發現有趣的人事物，有助於未來發展。此時流年木星在牡羊本命宮，會感受到特別的好運，或貴人相助。切記莫忘初衷，三人行必有我師。也須警覺，11 宮是五花八門的江湖，交友務必謹慎。

黃金般的退休朋友，多半沒有消費力的後顧之憂，可能結伴遊山玩水，並在群組中再次找到人生目標，或下半場新定位；並

藉由學習，再創價值。此外，你們將是新科技產品的消費主力軍，至少要知道趨勢；後續可能還有不少人在投資理財上經營，須多方考量，以眼見為憑操作為準。

◆ 5.17 ─ 2024.5.27 ◆

超級吉星木星轉入金牛座。

是牡羊的財帛宮或價值之所在，意思是，你們的財庫變大了，有些朋友終於在辛勤努力後迎來美好收穫；也可能打造出夢想已久的家，或購入理想中的房子，享受成果與財富自由。

◆ 8.24 ─ 9.15 ◆

水星在處女座退行。

處女座是水星主宰星座之一，水星象徵文字溝通、交通傳輸、精神或實質上的移動，此時在處女座是強勢狀態。水星退行，意味著在這些方面將作出調整，未必是壞事。工作部分，容易因小事溝通不良或雞同鴨講；若有會議小出差，可能資料遺漏，或行旅安排出差錯。這期間會感到特別不順利或壓力很大，但不用太擔心，你們的智慧可以應付一切。

投資理財，一動不如一靜，購物前勿衝動；或看清楚採購合約，預防糾紛。總之，以預防荷包大失血為前提。

有些老闆或主管，有可能調整制度，成立新部門或刪減組織，大刀闊斧進行改革。

退休族群可能跟好友們一起花點錢改善健康管理，例如參加健身計畫或瑜伽課程；但也可能耳根軟被推薦購入高價營養品，再悔不當初亂花錢。

這是段重新檢視工作與健康平衡的機會。健康方面的警訊，

正是提醒你愛惜身體，從而達致身心靈平衡。

水星處女－冥王摩羯－天王金牛，形成土象大三角。

　　這段期間，在牡羊的日常生活工作與健康等領域，要留意突發狀況，可能是健康或飲食方面的困擾，必須痛定思痛改變生活習慣，或以手術解除病痛。但也可能，久病不癒的毛病，終於找到醫療方法。

這段期間，值得特別留意：六顆星同時退行：水、金、土、木、海王、冥王，同時退行修正軌道。是相當重大的星象變動。

　　各行業會有重磅級整頓，出現激烈批判，經濟社會狀態混亂，應早做心理準備。

◆ 9.4 － 12.31 ◆

木星退行。

　　木星在金牛座財庫退行顯示的意義，是要我們調整過度樂觀的金錢態度，謹慎理財。木星是吉星無誤，但也可能導致樂極生悲。福兮禍所伏，凡事有度，就不會太驚嚇。過度期待或謹慎，都讓人忐忑不安，保持順應因緣的平常心即可。

◆ 12.13 － 2024.1.2 ◆

水星於摩羯座退行。射手座新月。

　　可能與老友或多年未見的同事重逢，有機會再度合作；或一起出遊，開心享受人生。有些朋友會思考自己的對外呈現模式。又或許是受到長輩長官的壓力。

　　之前風風火火的改革，高聲倡議的言論，或投資理財規畫，此刻將受到嚴峻檢視。這次水星逆行，會出現嚴苛的省思。

　　2023 年下半年的兩次水星退行，正是提醒你進行調整，無論

是實質的金錢、財務分配，或精神上的價值觀、身體健康。

2024 年：超越小我

◆ 1.21 ◆

冥王星再次進入水瓶座，與正水瓶座的太陽合相（冥日合）。

這是個強大且矛盾的相位，渴望快速改變並隱藏自我。渴望改變朋友圈，可能關閉或退出網路社群媒體，只想當個完全不一樣的人；或可能積極參與某些團體，奮不顧身地無私奉獻。

無論是哪個狀態，終極目標是迅速改頭換面。這個改變將讓你創造新的事業項目或職涯目標，當夢想被落實，可望帶來實質利益，創造更高的人生價值。

對牡羊座而言，反覆思考，嘗試迥然不同領域的團體，無論是藉團體重生，或超越小我犧牲奉獻，確認組織的認同與信念，是你這幾年間的重頭戲。

◆ 2.5 ◆

冥王星水星合相在牡羊座。

將有顛覆過去的思想萌芽，或對群組有超越、打破框架的思維，也可能有創新的 AI 運用。

◆ 4.1 － 4.25 ◆

水星在牡羊座退行。

注意人際關係互動、避免口舌是非，金錢往來須謹慎。

◆ 4.8 ◆

日全蝕。牡羊新月。

日蝕代表能量重置，宜留意情緒波動，前後兩週不要做重大決定。（其餘參見 p.176「2024.4.8 日蝕提醒」）

此時的牡羊座新月，對牡羊座尤其意義重大。此際水星金星都在牡羊，象徵未來三年，個人的反思與覺察，會有深刻的感悟，無論是人際、職場、家庭，多會以最純善的初心或同理心，去改善或重建互動。

◆ 4.10 ◆

土星火星合相在 12 宮的雙魚座。

牡羊朋友將因夢想而偉大，捲起袖子胼手胝足為前往理想奮鬥；木星與天王星正在財帛宮，更體現天道酬勤。

此刻牡羊們鬥志昂然，入寶山必不會空手而歸。人生最重要的修行，是改變對事物的習性；此刻的你，正在深刻修行以達到更高的人生目標或財富。

◆ 5.1 ◆

牡羊座的守護星火星，回到了牡羊座。此時火星力道全開，水星也在牡羊座。

對朋友肝膽相照之餘，須小心被扯後腿，尤其金錢部分，小心一時衝動。若心意已決，可分階段提供資助，並靜觀默察 —— 雖然對火力全開的你很不容易，但務必慎始而敬終。

◆ 5.2 － 10.11 ◆

冥王星在水瓶座二度退行。直到摩羯座 29 度停止。

♦ 5.16 — 5.20 ♦

金牛座同時有日水金木天五星進駐。

在這五天裡，牡羊的財帛宮同時五顆重要星體同在，將有很不錯的財運，無論正財偏財，機會都很大，可留意投資理財。也有些朋友，會將有形物質轉換成精神意義價值，例如花錢保養或醫美，或購入讓自己開心的衣服包包、藝術品等。

♦ 5.27 — 2025.6.10 ♦

木星在雙子座。

多媒體行銷、文字出版、貿易往來忙碌；出國小度假，或馬不停蹄出差會議，交換想法，達成共識 —— 是這段時間的主要成功過程。此時的貴人多是兄弟姊妹或同學。正在學習或考試的同學，會有不錯的成績。

♦ 6.30 ♦

土星於雙魚退行。

7月間，有機會再次審視年初執行的計畫或工作方針。7月初很可能因為公司而與家庭有所衝突，陷入兩難。正在選擇學校的同學，也很可能因此與家人出現爭執。這是因為，當太陽進入獅子座，個人與團體間的衝突，會特別明顯。這段期間，親子溝通充滿張力；熱衷於團體的個人，可能對組織憤恨不平。社會上各黨派組織都可能內部雜音叢生，各自生氣。

♦ 8.5 — 8.28 ♦

水星在處女座開始退行。

再次強調：水逆，是反省和修止行為、心態的最佳時機。這

段期間木星火星都在雙子座，可能遭致妄議，甚至無中生有的口舌是非。木秀於林，風必摧之；宜謹言慎行。

巧合的是，這段期間，冥王星與金星呈三分相，為牡羊座的朋友帶來意想不到的財富，或桃花戀情；若都不是這些，那將是天外飛來令人身心愉悅的事物。各人因緣不同。

◆ 9.1 － 2025.1.30 ◆

在財帛宮很久的天王星，在金牛座退行。三大外行星同時退行，另加一個土星。

過去這幾年，天王星在金牛座，不但顛覆牡羊座的價值觀與賺錢模式，也可能意外獲得或失去重要人事物。此刻的你對追求新興資訊充滿動力，將因此結識不少同好或好同學。

◆ 10.11 ◆

冥王星停止退行，朝水瓶座前進。

此時的你，彷彿漫畫《航海王》的魯夫船長，帶領船員打敗各種敵人，克服不同挑戰，終於在望遠鏡中看到心中那座島。無論在哪個領域，應可感悟即將撥雲見日。

◆ 11.1 ◆

天蠍座新月。冥王星摩羯與火星巨蟹 29 度正對分相。

經營管理者陷入天人交戰。可能因為升級轉型，不得不做出應對措施，也可能因為對新科技無力招架，鳴金收兵。

而無關事業的牡羊，內心渴望不同生活模式，或想成為更好的自己。此刻應當傳出心聲、付諸行動。未來二十年，勇於嘗試不同團體，看看不同天空，會是生活重心之一。

水星天蠍、海王星雙魚、火星巨蟹形成水象大三角，落在牡羊座的水象位置。

你能夠消化外界事物引發的情緒與情感，能隨著自我調整而抒發，維持平衡。水元素特別強調感覺與歸屬感。

不同的水元素星座動能不同，落在雙魚座的海王星，會根據內心感受，轉變後續行動與態度，守護對家與家人的慈悲與包容。巨蟹火星重視情感與歸屬感所在，透過親密關係連結情感。天蠍水星，則是深入了解自我的情緒，守護堅持，或藉由宗教或心靈導師，解讀曾經擁有的深刻感受。

◆ 11.20【★重要！】◆

冥王星正式進入水瓶座（～ 2044 年）。人類開始新篇章，冥王水瓶的財富曲線正式啟動。

水瓶座的對宮獅子座在牡羊座第 5 宮。獅子座在 5 宮，就是它原本之所在，代表著創造力、娛樂、愛情、幸福和孩子，也與個人才華、藝術創造力的發揮有關。（參見 p.72，牡羊座財富機會）

◆ 11.26 － 12.15 ◆

水星再次在射手座退行。正在雙子座的木星與水星對分相。

學習與自我認知出現矛盾疑問，必然要為自己所理解的事物，做一番剖析研究，以調整方向。

此外，無論何種旅行，須再三確認行程，降低意外驚嚇。

◆ 12.7 ◆

海王星在雙魚座停止退行。正在 11 宮的冥王星與金星合相。

透過超越小我的力量，為夢想努力，成就更美好的自己。

2025 年：心靈昇華

◆ 3.14 － 4.7 ◆

水星在牡羊座退行。

　　這段時期的你，思緒恐怕很混雜。今年重頭戲多落在牡羊座，也象徵全新開始，畢竟牡羊是黃道十二宮的第一個星座，代表無畏勇敢，純潔善良，接受並認真配合一切的安排。

◆ 3.30 ◆

海王星第一次進入牡羊座。

　　象徵著為理想而奮鬥，開啟自身的聖戰。也意味著更考慮他人感受，對社會氛圍更有同理心，取代輕率批評。

◆ 6.10 － 2026.6.30 ◆

木星在巨蟹座。

　　此時更強化了國家民族地域性的安定感。牡羊座群組，終於在此時找到一個可以為自己家庭規律性地付出，或找到慰藉心靈的出口。雖說房地產可能不復當年榮光，但購置不動產，並且為這件事持續付出，是你的選項之一。

　　若不須購置不動產，則可能發揮大愛，為社會做出貢獻。土星限制了四處亂射的能量，將其化成溫柔的神奇力量。

◆ 7.7 － 11.8 ◆

天王星第一次進入雙子座，與金星合相，與冥王星水瓶座成三分相；此時木星太陽都在巨蟹座，土星海王星合相在牡羊座。

這是個神奇的平衡點，將為你帶來意想不到的收穫。求學中的同學，可能因為參加讀書會、補習班，或使用人工智慧學習，藉由努力不懈，得到意想不到的好成績或完全理解課程，開心如獲至寶。

上班族可能參加某個團隊，或使用人工智慧協助，事半功倍；與同組同事培養出革命情感，獲上司賞識及獎金加薪等。

當老闆的你更不遑多讓，因為重組的力量，公司規律地正向循環，形成創造力十足的團隊或事業單位。熟齡世代牡羊，在新的組織團隊裡活力十足，投入各類社交活動，樂在其中。

◆ 7.18 － 8.11 ◆

水星在獅子座退行。

這段期間，社會氛圍眾聲喧騰，劍拔弩張，令人煩心。要注意親子關係，或伴侶的互動。在職場中，可能因出色表現受到無端受到批評，這是段需要海納百川的謙遜時期。

◆ 11.10 － 11.30 ◆

水星在射手座開始退行。天空中形成五星（水、木、土、天王、海王）退行狀態。

將對於追尋靈魂深處與高我議題，充滿敬畏學習之心。

◆ 12.10 ◆

海王星在雙魚座停止退行，朝牡羊座前進。

執行理想夢想的能量即將展開。

◆ 12.12 ◆

水星進入射手座，太陽、金星、火星也在射手座。

　　這段射手能量十足期間，你可能移居海外，或長住、留學。經營管理者則有機會外派，或設立分公司。若你以上皆非，可能出國度假，或參與身心靈課程，追尋更高境界自我。

2026 年：築夢啟程

◆ 1.26 ◆

海王星正式進入牡羊座。

　　此刻的你，肯定非常想拋開身上包袱，追逐夢想，去過自己想要的生活。

◆ 2.14 ◆

土星進入牡羊座與海王星 0 度合相。

　　土星限制了浪漫無邊的海王星，讓理想有計畫地實現。

◆ 2.26 － 3.20 ◆

水星在雙魚座退行。

　　這段時間，你多愁善感，彷彿一部感應器，擁有所有感覺，無數想法，滿滿的「早知道……」氛圍。

◆ 4.26 ◆

天王星正式進入雙子座，與金星合相；天王雙子與冥王水瓶，形成三

分相；海王牡羊則分別與天王雙子、冥王水瓶呈六分相。

你將從團隊中激盪出無數的創新想法，在工作或課業上，語不驚人死不休，不斷嘗試新奇事物，完全好奇寶寶模式，並且將隨著三年來的淬煉調整，有更實際的執行企畫。

2023.3.24 - 2026.4.26

金牛座

以上升星座為主，太陽星座其次

◥ 2023 年：調整步伐 ◤

◆ 5.17 ─ 2024.5.27 ◆

超級吉星木星轉入金牛座。

此處也是你的本命宮。木星在本命宮的好運，無懈可擊，足以應對事業宮排山倒海的壓力。這段期間，你會發現自己所有的優點，發揮淋漓盡致，並充滿對各種事物的探索與學習熱忱，或追尋心靈成長；此外也對大自然特別有興趣，熱中戶外活動。

物質方面，穩定累積收穫，享受生活的豐盛；但須避免自我感覺良好。除了令人開心的好人緣之外，還有許多貴人出現，資源豐沛，一整個就是人逢喜事精神爽。

求學求職中的你，只要好好展現自己，就會獲得青睞。日常生活裡，也可能因為愛心或不經意付出，獲得小確幸或自我肯定。這段時間的風生水起，是命運安排，非錢財可買到。

◆ 4.28 － 10.13 ◆

冥王星再次退行，6.11 轉回摩羯座。

此時是審視目標、計畫能否具體執行，並充分設想細節的契機。否則可能在 8 月的水逆期間，面臨嚴酷的修正考驗。

◆ 8.24 － 9.15 ◆

水星在處女座退行。

此時天上星象彷彿接力賽般輪番調整，牽動各種人間事務或關係。對於不太喜歡變動的金牛座來說，尤其需要心理準備。

當水星在處女座退行時，剛好是金牛座的第 5 宮，代表著創造力、遊戲、娛樂和愛情，可能會在這些方面帶來一些延遲、混亂或思考不清的情況，或是對創造力或表達的挑戰、壓抑或障礙。但也能藉機自我審視。

親子溝通與表達可能產生困難或是誤解；但或許也會是個發現你們之間獨特互動方式的契機。

水星處女－冥王摩羯－天王金牛，形成土象大三角。落在金牛座的火象位置。

此刻的你思路活絡，但也會有些衝突糾結；你會透過自己過人的智慧發現表現你自己的方法，提升高度、眼界、自信心及信念。水星象徵文字溝通、媒體、資料通訊，只要與移動有關係的人事物，建議都多留意。各種資料都須留意備份。適當飲食、運動，避免過度焦慮或熬夜。

期間發生六顆星同時退行、修正軌道的重大星象，須特別留意：包括水、金、土、木、海王、冥王等。

各行業將有重磅級整頓現象。社會出現劇烈混亂與批判。應早做心理準備。

◆ 9.4 － 12.31 ◆

木星在金牛座退行。

　　這段期間，有助於調整無意間過度膨脹、得意忘形的態度。木星是吉星無誤，但也容易讓我們樂極生悲。凡事有度，保持順應因緣的平常心即可。

◆ 12.13 － 2024.1.2 ◆

水星在摩羯座退行。射手座新月。

　　水星代表溝通和思考，而摩羯座是個務實的星座，此時座落在金牛座的第 9 宮；適逢射手新月，象徵新的開始。第 9 宮代表哲學、高等教育、旅遊和跨文化交流等方面，當水星摩羯在第 9 宮退行時，可能會對與這些主題有關的事情產生一些挫折或困難，或興趣下降；例如對於參加的社團有些失望或不符合期待而暫停。你的思考方式也將變得比較傾向保守和傳統，不容易接受新的思想或觀點。此時可能會對人生道路感到困惑或迷失方向。

　　但正如我們一再提醒的，退行是深入審視想法和價值觀能否落實的契機。儘管不易，但仍可能發現新的方向和策略。

2024 年：擁抱改變

◆ 1.21 ◆

冥王星再次進入水瓶座，與正水瓶座的太陽合相（冥日合）。

　　太陽與冥王的毀滅重生力量結合，將產生巨大的轉變和重生能量。此時的你，將成為風雲人物，無論在哪個領域或位置。但水能載舟亦能覆舟，或許心情會比較急切，渴望一夜之間所有調

整一步到位。須放下一舉打倒敵人們的欲望。

◆ **2.5** ◆

冥王星與水星在金牛座事業宮合相。

出現顛覆過去或打破框架的思維，也可能導入創新的 AI 科技。更可能的是在組織架構中，找到與人工智慧的平衡。

◆ **2.10** ◆

水瓶新月。太陽、水星、冥王星此時都在水瓶座。

新的一年，對金牛座的朋友，無論是在事業、職涯、學業或呈現在外的表現，都將讓人耳目一新。

◆ **4.1 — 4.25** ◆

水星在牡羊座退行。

各種思緒激盪，容易導致失眠，情緒頻繁起伏。

◆ **4.8** ◆

日全蝕。

牡羊日全蝕發生在金牛座的 12 宮，這是個潛意識與過去式的交會之處。日蝕在第 12 宮，通常意味著一個人可能經歷一些與潛意識或靈性有關的變化。你可能會在很久無法處理的問題上，做出斷捨離決定，也可能下定決心開始。這是能量很強大並衝突的時期，任何重大選擇，至少兩週內都不宜衝動，尤其是人生關鍵事務，像是結婚離婚，買房賣房，轉職移民等。（其餘參見 p.176「2024.4.8 日蝕提醒」）

◆ 5.2 — 10.11 ◆

冥王星在水瓶座二度退行。期間重要相位：5.1，火星移動至牡羊座；5.16，金牛座有日水金木天五星進駐；5.19，金牛座有太陽木星合相28度，天王星金星在金牛座合相23度，水星則是在金牛座4度。

對金牛座來說，5月份很多變動接踵而來，對於不喜歡變動的你，真的要做好心理準備迎接這些「美好」變化。這些全部發生在你的本命宮，桃花朵朵開，可能邂逅新戀情；財運也好到令人羨慕，而這些收穫並非憑空而來，而是你在2023年努力改變積累出來的。例如，從不運動的金牛，可能前一年就開始規律訓練、控制飲食，獲得好身材，自信也大增。

◆ 5.24 — 6.4 ◆

日、金（5.24）、木（5.27）、水（6.4）陸續進入雙子座。

這裡也是金牛的財帛宮，有種開外掛一路吸金的引力，無論在哪個行業，這是段累積財富的最佳時期。各行各業有所長短，若能在拿手的事業或技藝全力展現，都有不錯收穫。

◆ 7.15 ◆

天王星與火星在金牛座26度合相。

這是個容易有天災、意外災害與血光之災的相位 —— 尤其在金牛座本命宮，此日前後幾日，必須特別注意用刀用火以及運動傷害。也很可能與上司、長輩口角，務必謹言慎行。

◆ 8.5 — 8.28 ◆

水星在處女座開始退行。

工作部份，須注意其他人的想法或感受，降低個人色彩。有

小朋友的話，須留意親子溝通。這段時間，各種資料與溝通，旅遊行程訂位等，務必再三確認，預防突發狀況。

此時可能有較多與家庭有關的花費，例如裝潢或出遊。

◆ 9.1 － 2025.1.30 ◆

天王星在金牛座退行。三大外行星同時退行，另加一個土星。

過去幾年，天王星在金牛座，顛覆了許多金牛朋友對自己的認知，甚至可能懷疑人生，不確定生命的意義。但在冥王星進入水瓶座後，彷彿得到祕笈，專心練功，創造自我價值。

◆ 10.11 ◆

冥王星停止退行，朝水瓶座前進。

前一日（10.10）所有外行星，包括木星、土星，都還在退行狀態。但從這一天冥王星停止退行開始，將出現轉機，彷彿你神功大成，準備闖蕩江湖。例如帶著資源與人合開公司，或調整後正蓄勢待發。學生則可期待新學習計畫的成果。

◆ 11.1 ◆

天蠍座新月。冥王星摩羯與火星巨蟹 29 度正對分相。

可能有口舌是非。例如受到長輩長官指責，卻難以辯駁；有些老闆或許因客戶或股東的金錢糾紛受責難，委屈萬分。有些已婚人士會因雙方長輩或家庭有關錢財方面的問題，陷入紛爭。不過，雖然這段人性修煉期間並不好受，最終不會一無所獲。有些人仍能爭取到應得的利潤或錢財，或重獲清白。

水星天蠍、海王星雙魚、火星巨蟹形成水象大三角，落在金牛座的風象位置。

你將認真去感受、分析內心深處真正想法；也會出現理想的貴人，或自己的配偶，鼎力協助你的事業或理想。

◆ 11.20 【★重要！】◆

冥王星正式進入水瓶座（～ 2044 年）。人類時代將展開新篇，冥王水瓶的財富曲線正式啟動。

冥王水瓶的對宮是獅子座，此時金牛座財富之所在落在第4宮，象徵家庭、房屋、土地、骨董以及女性，只要與第4宮或巨蟹座有關的產業，都是金牛座未來二十年致富的地方。（參見p.82，金牛座財富機會）

◆ 11.26 － 12.15 ◆

水星在射手座退行。正在雙子座的木星與水星對分相。

這段時間，金牛座要尤其看緊荷包。尤其國際投資項目，宜保守操作，避免重大決定，虛而不實的資訊容易誤導判斷。

◆ 12.7 ◆

海王星在雙魚座停止退行。正在 10 宮的冥王星與金星合相。

金牛謹慎的本性操作，無論在個人投資或公司營運，都會在這段期間得到意外大收穫，可能是財富或貴人資源。

2025 年：從心出發

◆ 3.14 － 4.7 ◆

水星在牡羊座退行。

這段時期的金牛朋友，思緒恐怕很混雜，今年重頭戲多落在牡羊座，對金牛座而言，無疑是開啟智慧、理出與以往全然不同想法、融入新局的挑戰。畢竟牡羊座是黃道十二宮之始，象徵無所畏懼的煥然一新，以及勇於執行的初始。

◆ 3.30 ◆

海王星第一次進入牡羊座。

自我衝突情緒降低，認真思考朋友圈，篩選正能量盟友。

◆ 6.10 － 2026.6.30 ◆

木星在巨蟹座。

此時你很可能很想旅遊，與好友們結伴啟程，尋找像家一樣的地方。也可能大興土木改造住處，或報名修繕課程。

◆ 7.7 － 11.8 ◆

天王星第一次進入雙子座，與金星合相，與冥王水瓶成三分相；此時木星太陽都在巨蟹座，土星海王星合相在牡羊座。

雙子座是金牛的財帛宮，當超級叛逆的天王星進駐，將再次震撼金牛座的心靈與金錢觀。所幸，由於其他行星相位加持，金牛座之前經歷的改變，帶來了意想不到的收穫。若是經營管理者，之前費盡心思頂住的巨大壓力，此刻將迎來應有回饋。苦讀的同

學也會獲得不錯的成績。在這時期，就算一向安於平凡，也可能突發賺錢的奇想，或跳脫框架的價值觀。

◆ 7.18 － 8.11 ◆

水星在獅子座退行。

　　這段期間，社會氛圍眾聲喧騰，混亂難測，令人憂心。對金牛座而言，家中事務更趨繁雜，可能是家人有些狀況，這些都會導致荷包失血。宜盡量事先預防，或有心理準備。

◆ 8.7 ◆

冥王星水瓶－天王星雙子－火星天秤形成風象大三角。落在金牛座土象位置。土海合牡羊對象火星天秤。

　　可能發想出創意新穎的營利模式，配合高科技或新奇元素吸引消費者的做法。在自己的事業創造出議題或口碑。

◆ 11.10 － 11.30 ◆

水星在射手座開始退行。形成五星（水、木、土、天王、海王）退行。水象大三角：雙魚－巨蟹－天蠍，座落在金牛座的風象位置。

　　求學中的你，將認真檢視學習，以達更完善狀態。此時可能須避免國際旅遊，或國際性質投資。

◆ 12.12 ◆

水星進入射手座，太陽、金星、火星也在射手座。

　　金牛座的 8 宮再次活躍。無論是投資理財，海外旅遊置產，都能獨具慧眼。想談戀愛的朋友，有邂逅機會。

2026 年：適應調整

◆ 1.26 ◆

海王星正式進入牡羊座，不再離開。

海王牡羊在金牛座的 12 宮，勾勒出夢想與冒險的渴望。也意味著可能受外在環境影響，發生情緒或潛意識的波動；甚至陷入幻想、迷失自我。會有尋找真正自我和目標的強烈動機，但也可能自我否定。對靈性、超自然現象有強烈敏感度。

◆ 2.14 ◆

土星進入牡羊座與海王星 0 度合相。

土星限制了浪漫無邊的海王星，使思慮或愛心不致泛濫，而有效地發揮創作想像力。

◆ 2.26 － 3.20 ◆

水星在雙魚座退行。

你將過濾五湖四海的朋友、網友們，是否都那麼合適自己。可能檢視投資理財計畫與資源分配；或找回老戰友們一起打天下。

◆ 4.26 ◆

天王星正式進入雙子座，與金星合相；天王雙子與冥王水瓶，形成三分相；海王牡羊則分別與天王雙子、冥王水瓶呈六分相。

金牛座的你，在定位、營利方式迥然不同的創新後組織架構中，被迫調整、接受挑戰，對於排斥改變的金牛座而言實屬不易。但這些調整帶來的，自己無非是最大的受益者。

2023.3.24 – 2026.4.26

雙 子 座

以上升星座為主，太陽星座其次

◤ 2023 年：心靈潮湧 ◢

◆ 4.28 － 10.13 ◆

冥王星再次退行，6.11 轉回摩羯座。

　　3 到 6 月畢業前夕，你可能計畫出國鑽研有興趣的領域，對身心靈相關學科也有興趣；會藉由校友會或是同學前輩等，獲得大量資訊，完成夢想。有些人則一頭栽進人工智慧領域。

　　熟齡世代，可能呼朋引伴出國朝聖或探訪古蹟。

　　若你是老闆，高端的人工智慧，將是改變未來的關鍵。新進員工或年輕團隊的表現，也會令人驚艷。對於文字工作者，ChatGPT 更是讓你大放異彩的神器。

◆ 5.17 － 2024.5.27 ◆

超級吉星木星在金牛座。

這裡也是雙子座的 12 宮，這對於冥王水瓶重整你對於宗教或靈性的追尋，有呼應關係。專注宗教修行的朋友，有機會感受到靈通力。當木星流年走到這裡，確實受到上天眷顧，多會有難以置信的幸運。但須留意不要沉溺於菸酒或藥物。

◆ 8.24 － 9.15 ◆

水星在處女座退行。六顆星同時退行，修正軌道：水、金、土、木、海王、冥王，是相當重大的星象變動。

由於水星同時是雙子座與處女座的守護星，一旦逆行，你感受會特別深刻，甚至煎熬；尤其是與家庭有關，彷彿千古難題。有些人可能以血拼療癒心中委屈，或添購家具，整修居家空間。此時容易荷包大失血，理財投資或消費一動不如一靜。

此外，六顆行星同時退行，意味著各行業將有重磅級整頓，社會出現激烈聲音，狀態混亂不堪，應早做好心理準備。

水星處女－冥王摩羯－天王金牛，形成土象大三角，落在雙子座的水象位置。

你將對於資源整合與財務分配反覆思考。水星象徵思考溝通、文字資料；水星的退行調整，象徵著它會在你的潛意識裡翻騰。水星在處女座是強勢的，敏銳的感知以及非凡才智，會對某些你在意的各種人事物批判分析，或苛求完美。由於此刻火星也在處女座，缺乏圓融與同理心的批判甚囂塵上。宜維持平常心，避免思慮過重，造成失眠。

◆ 9.4 － 12.31 ◆

木星在金牛座退行。

退行象徵著調整，也代表質疑過往信念的是否仍真實強大的

契機。投資理財方面，你會開始留意長久以來的訊息是否有誤差；對於物質或數字也更加敏感。

◆ 12.13 － 2024.1.2 ◆

水星再次退行，這回在摩羯座。射手座新月（12.13）。

此時透露著不友善利益鬥爭，有些人可能經歷遺產贈與的紛爭，或陷入資源搶奪大戰；惡意中傷等應是家常便飯。也可能重新布局資產分配或投資，整理壞帳，降低風險。

2024 年：虛心沉潛

◆ 1.21 ◆

冥王星再次進入水瓶座，與正水瓶座的太陽合相（冥日合）。

冥日合相，代表強烈的轉變和重生的能量。

◆ 2.5 ◆

冥王星與水星在水瓶座（也是雙子座的第 9 宮）合相。

出現顛覆過去的思想，或打破框架的思維，也可能在自身專業導入 AI 科技，或結合國外廠商、學術研究改善現況。

◆ 2.10 ◆

水瓶新月。太陽、水星、冥王星此時都在水瓶座。

新的一年，對雙子座的你來說，無論是在事業、學業或是國際事務旅遊等，都有耳目一新的新氣象。

◆ 4.1 － 4.25 ◆

水星在牡羊座退行。

思考檢視現有的朋友圈，或社群網站的朋友，可能建立新的IG帳號。

◆ 4.8 ◆

日全蝕。

牡羊日全蝕發生在雙子座的社交江湖宮位，與朋友圈的互動，你會有不同於過去的取捨。經營管理者會有斬釘截鐵的改革作風。學生們更會痛定思痛鑽研學問。

宜留意情緒波動，日蝕前後兩週不要做重大決定。（其餘參見 p.176「2024.4.8 日蝕提醒」）

◆ 5.2 － 10.11 ◆

冥王星在水瓶座二度退行。

這段時期，對善變的雙子來說，是即將迎接全新自己的準備時期。過往經歷的變化調整，都是為了打造更美好或更有趣的你。有些人將在專業領域大展長才，也可能出國留學或移民，對於喜歡文化或提升身心靈的雙子，此刻更感受到生命的豐盛。投資理財，建議著重國際業務或旅運、文化出版等。

◆ 5.24 － 6.4 ◆

日、金（5.24）、木（5.27）、水（6.4）陸續進入雙子座。

四顆星同在雙子座本命宮，此時的你，吸引著不同領域高手，所到之處大受歡迎。貴人貴星讓所有的問題不再是問題。這段時

期，事業或業務非常適合國際路線，學術研究也邁向高峰。潛心於宗教的朋友也會感受到信仰的力量。這是段心想事成時期，但須避免樹大招風，禍從口出。

◆ 5.27 － 2025.6.10 ◆

木星在雙子座。

流年木星落在雙子自己身上，自帶鎂光燈，長袖善舞、機智過人的社交能力，讓你暢通無阻，人緣極佳，貴人湧現。

◆ 7.15 ◆

天王星與火星在金牛座 26 度合相。

這是個容易有天災、意外災害與血光之災的相位。對雙子而言，此日前後幾天，容易荷包大失血，也可能與家人、長輩發生口角，切記謹言慎行。小心突發狀況、運動傷害。

◆ 8.5 － 8.28 ◆

水星在處女座開始退行。

水星是雙子座的守護星，一旦退行，感受會很深刻。這段期間，容易與家人意見不合，或住處有些令人困擾的狀況。

有機會與老同事相遇，或與許久未聯絡的親友互動。也可能出國探訪。此時不宜買賣不動產或搬家。

◆ 9.1 － 2025.1.30 ◆

天王星在金牛座退行。三大外行星同時退行，另加一個土星。

過去幾年天王星在金牛座，顛覆了許多雙子朋友的想法，尤其對自己在工作或團體相處中的表達溝通，或學習深度，無形中

發現似乎不能再靠小聰明蒙混過關，需要投入時間與努力才能不被淘汰。這是一段對自己誠實、重新打基礎的時期。

◆ 10.11 ◆

冥王星停止退行，朝水瓶座前進。

此時木星在雙子座的本命宮，除了自我的覺醒外，在工作學習中也在做調整。想創業或轉職的朋友，不妨先考慮身心靈或國際深度旅遊等產業。改造老宅開咖啡廳，也是個選項。

◆ 11.1 ◆

天蠍座新月。冥王星摩羯與火星巨蟹 29 度正對分相。

雙子座的朋友要特別注意金錢管理，無論是投資理財或買賣，務必注意法規法律等細節。這段時期，容易發生不得不花錢的狀況，可能社交費用提高，或新購生財設備，也可能是投資健康養生。但無論是花在自己還是別人身上，都須謹慎。

水星天蠍、海王星雙魚、火星巨蟹形成充滿情感與情緒的水象大三角，落在雙子座的土象位置。

一直以來縝密規畫的企畫案或商業項目，在你主導的規畫下逐步完成，穩定中求進步地朝向你的理想前進。

◆ 11.20 【★重要！】 ◆

冥王星正式進入水瓶座（～ 2044 年）。人類開始新的篇章，冥王水瓶的財富曲線正式啟動。

水瓶座的對宮是獅子座，獅子座的財富落在第 3 宮，正是雙子座自身之所在。此時正該強化現有根基，向上延伸。（參見 p.91 雙子座財富機會）

♦ 11.26 － 12.15 ♦

水星在射手座退行。正在雙子座的木星與水星對分相。

　　要注意與伴侶間的互動，或與團隊的溝通，容易發生誤會。謙受益滿招損。這個時期，宜避免重大投資決定，尤其是國際性質，虛而不實的資訊容易誤導判斷。

♦ 12.7 ♦

海王星在雙魚座停止退行。正在 9 宮的冥王星與金星合相。

　　無論是國外投資或置產，會在你的保守操作下獲利；若是研究學問，或宗教信仰心靈成長，都會因虛心學習大有斬穫。

2025 年：驛馬活躍

♦ 3.14 － 4.7 ♦

水星在牡羊座退行。

　　此時的雙子朋友，思緒恐怕很複雜 —— 今年重頭戲多落在牡羊座，對雙子座而言，無疑是在長久以來如魚得水的社交圈，丟下炸彈，粉碎過去的互動模式。但你終究可以理出與以往全然不同的想法，讓自己融入新局面。

♦ 3.30 ♦

海王星第一次進入牡羊座。

　　夢幻團隊概念形成，有志一同的朋友一起加入，開啟人生的新網路舞台。

◆ 6.10 － 2026.6.30 ◆

木星在巨蟹座。

此時雙子座學習力旺盛，有人更忙著到處出差開會談生意，賺進大把鈔票。基本上，只要有動就有錢賺，滾石不生苔。

◆ 7.7 － 11.8 ◆

天王星第一次進入雙子座，與金星合相，與冥王星水瓶座成三分相；此時木星與太陽都在巨蟹座，土星海王星合相在雙魚座。

之前的創新改革，帶來意想不到收穫。前段時間在社交圈受到震撼並改變，此刻你將更認真經營朋友圈。

◆ 7.18 － 8.11 ◆

水星在獅子座退行。

這段期間，社會氛圍眾聲喧騰，劍拔弩張，令人煩亂憂心。對雙子座來說，工作上的會議或溝通事務變得繁雜，須多花心思傳達創意或想法。親子、情侶或與學生的互動可能比較緊張，須更有傾聽的耐心，以及應對的彈性。

若你是頻道主之類的公眾人物，此時會有出色想法與議題，但在水逆期間，建議低調保守為主。旅運行程須確認細節。

◆ 8.7 ◆

冥王星水瓶－天王星雙子－火星天秤形成風象大三角，落在雙子座火象位置。以及土海合牡羊對象火星天秤。

自己美好的想法，加上靈活多變的創意，在完善執行的信念下積極行動，創建屬於自己的新世界。

◆ 11.10 － 11.30 ◆

水星在射手座退行。天空中形成五星（水、木、土、天王、海王）退行狀態。也出現水象大三角：雙魚－巨蟹－天蠍，座落在雙子座的土象位置。

對於先前的商業財務企畫，宜反覆確認，都在掌握中。

這段時間盡量避免國際性質的旅遊或投資。如果非出遠門不可，須再三確認行程，以及資料備份；或必須換購電子產品。這是令雙子座荷包大失血的時期。

◆ 12.12 ◆

水星進入射手座，太陽、金星、火星也在射手座。

此時的你，對於出國旅遊或遊學都興致勃勃，也非常適合拓展國際性質的事業或參展。

2026 年：從容踏實

◆ 1.26 ◆

海王星正式進入牡羊座，不再離開。

志同道合的朋友靠過來，或公司有了新的願景目標，讓員工齊心努力。投資理財，此時無疑是快進快出財富所在，但無論如何操作，仍須依據真實數據，勿聽信小道消息。

◆ 2.14 ◆

土星進入牡羊座與海王星 0 度合相。

土星限制了浪漫無邊的海王星，讓夢想有計畫地執行。這對於總是以小聰明便宜行事為常態的雙子座而言，是不得不一步一腳印迎難而上，終能發揮天賦、如魚得水的關鍵契機。

◆ 2.26 － 3.20 ◆

水星在雙魚座退行。

　　這時候的你，將重新檢視事業學業，檢查是否有遺漏、不足之處，發揮匠人精神，再接再厲。但可能與師長或上司溝通不良，或想法有落差，可先冷處理。若問題必須立刻解決，則可向同事同行或同學求助。AI 也可能是好助手。

◆ 4.26 ◆

天王星正式進入雙子座，與金星合相；天王雙子與冥王水瓶，形成三分相；海王牡羊則分別與天王雙子、冥王水瓶呈六分相。

　　你將以更扎實的態度面對工作與學業，在正要向上成長的創新組織架構裡，活用科技工具，展現天賦與產能。改變調整對雙子從不是難事，如果能更專注於一己長處，找到在科技中的定位與核心價值，必能擁有其他星座難以企及的優勢。

2023.3.24 – 2026.4.26

巨 蟹 座

以上升星座為主，太陽星座其次

2023 年：寬心自在

◆ 4.28 － 10.13 ◆

冥王星在水瓶座退行，6.11 退回到摩羯座

你會覺察，自己想得到的，不是依附他人或為了取悅某人，迎合喜好；或是決定不再壓抑自己的喜好。

◆ 5.17 － 2024.5.27 ◆

超級吉星木星轉入金牛座。

這裡是你的 11 宮所在，表示超級吉星木星將你的五湖四海社交圈待很久，讓你有機會遇見不同類型貴人。有些人也會找到或確立自己感興趣的科系或社團。

水星在處女座退行。

處女座是水星主宰星座之一，水星在處女座是強勢狀態。此時水星落在巨蟹座的第3宮位置，這指向工作上因資料資訊細節產生的紛爭。各種重要資料宜早做備份。

同時，這個位置，會讓水象巨蟹的你情緒波濤洶湧，可能是同學或同事間的口舌是非，讓人寢食難安，或會議、團隊、出差等表現多有波折。宜謹言慎行，淡定面對流言蜚語；多正面思考，把所有批評指教當恩人。

六顆行星：水、金、土、木、海王、冥王，同時退行修正軌道。是相當重大的星象變動。

此時各行業皆有重磅級整頓，社會出現激烈批判，混亂不堪。

水星處女－冥王摩羯－天王金牛，形成土象大三角。落在巨蟹座的風象位置。

這代表人際關係成為這段時間的主軸，同學同儕同事、夫妻、盟友或合作關係，你都會積極地經營與互動。

此外，行走開車騎車都須特別注意安全；旅遊一定要再三留意行程細節。健康方面，必要的話，不妨多聽取幾位醫師建議。

◆ 9.4 ─ 12.31 ◆

木星在金牛座退行。

木星的本質是龐大浮誇的。行星退行，則是讓我們稍作修正。不妨學習金庸筆下《鹿鼎記》的韋小寶遊戲人間，大事講原則，小事裝糊塗；對人對事不妨心態更寬鬆。

水星於摩羯座退行。射手座新月。

水星代表溝通和思考，而摩羯座是一個務實、實用和現實主義的星座，代表了責任、成就和目標；當水星在摩羯座逆行時，可能會影響到你的思維、溝通和計畫能力，導致你更加保守和刻板，難以接受新的觀念和想法。此外，你的溝通能力也會受影響，表達不順，或難以理解他人意見，甚至導致誤解。

不過，行星退行正是反思改善溝通能力，甚至是更根本地理解對方需求、期待的機會。

若是公司老闆，須注意與股東或重要客戶間的互動，可能因股東意見改變組織，或因應客戶需求設立新的事業單位，任何合作關係都可能產生緊張關係。謹慎簽署文件。

此外，尤其要注意伴侶間的互動，畢竟水星象徵的就是細節。對已婚的巨蟹座來說，溝通會成為挑戰，別輕易破局。與在意的人或長輩間的互動，也須留意溝通品質。

2024 年：蓄勢待發

◆ 1.21 ◆

冥王星再次進入水瓶座，與正水瓶的太陽合相（冥日合）。

冥日合相，代表強烈的轉變和重生的能量。冥王水瓶此時正在巨蟹座的第 8 宮（疾厄宮、偏財宮），8 宮通常被視為一個深度宮位，代表變革、轉型、共享資源、性和死亡等主題。而冥王星與第 8 宮是同性質，此時你將比其他人更勇敢面對轉變。

財務方面，可能會在財務風險、投資機會、共同資產等方面

帶來變化。須更深入了解財務整體狀況，以便控制風險。

在性方面，可能獲得更深層次的情感和性經驗，但可能也伴隨控制、嫉妒或其他負面情緒，並且在個人內在或親密關係等方面會帶來影響。此時你更需要練習面對恐懼，從中成長。

◆ 2.10 ◆

水瓶新月除舊迎新。此刻太陽、水星、冥王星都在水瓶座。

新的一年，對巨蟹座的朋友來說，在事業、職涯、財富、資源等面向，都有亮麗表現。

◆ 4.1 — 4.25 ◆

水星在牡羊座退行。4.3 海王星金星合相在雙魚座。水逆期間同時有土、火、金、海王等行星在雙魚座，意義非凡。

◆ 4.8 ◆

日全蝕。

牡羊日全蝕發生在巨蟹座的事業職涯領域，這是個影響很深遠的時期，因人而異，但對上升巨蟹座的朋友，資源與事業之間的結合，是源遠流長且指日可待。更重要的，木星與土星分別落在 11 宮（福德宮）與 9 宮（遷移宮、文化宮），彷彿左輔右弼協助著事業：在 9 宮的土星認真規畫著執行夢想的企畫；在 11 宮的木星則以組織架構培訓人才執行任務，結合地底挖出的寶藏般資源。勢無可擋的大成功，就在不遠處。

日蝕期間也代表能量重置，宜留意情緒波動，前後兩週不要做重大決定。（其餘參見 p.176「2024.4.8 日蝕提醒」）

♦ 5.2 — 10.11 ♦

冥王星在水瓶座二度退行。

　　火星移入牡羊座（5.1），直接點燃事業能量；日水金木天五星進駐金牛座（5.16），社交應酬認識朋友能量源源不斷。

♦ 5.19 ♦

太陽木星在金牛座合相 28 度，天王星金星在金牛座合相 23 度，水星在金牛座 4 度。

　　結合各行業朋友與資源，形成大聯盟成就大事業。

　　5 月份很多星象變動都在金牛座，是巨蟹座的五湖四海江湖領域，社交活動熱絡。正在拚搏事業的你，左右逢源，有錢也有人，心想事成，但要注意按部就班，遵循法規。

　　經營管理者有機會跨組織整合資源，共創利益與新局面。也有些人會整合人脈資源做公益。在學同學可能結合 AI 與現有資源做研究。

　　對巨蟹座朋友而言，這是段人生中至關重要的時期，儘管每個人命盤不同，但客觀環境的優勢絕對令眾人艷羨。

♦ 5.27 — 2025.6.10 ♦

木星入雙子座。水星 6.4 進入，與日、金、木同在雙子座。

　　當四顆星同在雙子座，彷彿歡樂過後的沉靜，經過 5 月份的熱鬧接力，6 月份進入沉潛消化時期，無論是錢財資源、科技應用、人力組織，都需要一番思考；對於企業老闆，更是如此。而與事業無關的巨蟹，則是休養生息的輕鬆好時光。

♦ 7.15 ♦

天王星與火星在金牛座 26 度合相。

此時須特別留意天災、意外災害與血光之災。小心突發狀況。務必謹言慎行，也須留意網路的口舌是非。

♦ 8.5 — 8.28 ♦

水星在處女座開始退行。

水星象徵溝通、文字、資料，退行期間，這些領域容易出現狀況。巨蟹座的你，可能焦慮不安、缺乏重心、失焦；工作時跟成員討論想法時，負面雜音勢所難免。

會議出差行程須再三確認，各種資料切記備份。交通移動都須小心。由於水星會退回到財帛宮，水逆期間宜避免重大決定，如買賣房屋或其他重要資產。

求學中的你，則要注意同儕間互動，包括社團或交友群組，多有陰錯陽差的誤會。維持理智線，退一步海闊天空。

♦ 9.1 — 2025.1.30 ♦

天王星在金牛座退行。三大外行星同時退行，另加一個土星。

尤其在冥王星進入水瓶座後，你可能隱約意識到，長久以來的認知受到動搖，或是，想要跳脫現有的框架或關係，尋找與現在不同，更高目標的團體，建立更有意義的人生價值。參加宗教團體或各種公益活動，擔任志工，都是巨蟹在功成名就後第一件想做的事。

♦ 10.11 ♦

冥王星停止退行，朝水瓶座前進。

一種調整後的蓄勢待發。對巨蟹座而言,彷彿準備盛大晚宴,人人各司其位,反覆確認各種細節,力求完美。學生的你,則在無數次修正後,找到最好的研究方向,可以期待成果。

◆ 11.1 ◆

天蠍座新月。冥王星摩羯與火星巨蟹 29 度正對分相。

會在某些方面出現一些必要調整,儘管未必是自願的。

水星天蠍、海王星雙魚、火星巨蟹形成充滿情感與情緒的水象大三角,落在巨蟹自己的位置。

會有些焦躁不安,很想將事情做好,心思縝密地安排計畫,逐步朝夢想前進。

◆ 11.20【★重要!】◆

冥王星正式進入水瓶座(～ 2044 年)。人類開始新的篇章,冥王水瓶的財富曲線正式啟動。

冥王水瓶的對宮是獅子座,正落在巨蟹座財帛宮。很幸運的,致富的產業性質比其他星座更廣泛,像原本就很適合巨蟹的不動產、房屋仲介或居家裝潢、家飾家具等產業,若一併觀照獅子座的特質,那麼像客製化、VIP 服務,或貴氣逼人的高價值感消費產業,都可參考。(參見 P.100 巨蟹座財富機會)

◆ 11.26 － 12.15 ◆

水星再次在射手座退行。正在雙子座的木星與水星對分相。

巨蟹座的你,此時不要過度思慮 —— 儘管你對生活或工作浮現無數想法,仍須耐心與人溝通,尤其是工作上的部屬。有些朋友要注意健康、飲食與運動。此外,電器用品可能有狀況。

海王星在雙魚座停止退行。正在偏財宮的冥王星與金星合相。

　　無論在個人投資或公司營運，有機會得到意外收穫或幫助，可能是財富、贈與，或貴人資源。

2025 年：天助自助

◆ 3.14 － 4.7 ◆

水星在牡羊座退行。此時海王星在 3.30 第一次進入牡羊座。

　　此時巨蟹座的你，可能與長官、高層的相處有些壓力 —— 也許是工作上的重任被加碼；或被要求更高的目標。

◆ 6.10 － 2026.6.30 ◆

超級吉星木星進入巨蟹座。

　　更強化了自我價值，也可能啟動更多旅行，探索自己。這是段以自身特質吸引桃花貴人的時期，許多難事將迎刃而解。

◆ 7.7 － 11.8 ◆

天王星第一次進入雙子座，與金星合相，與冥王星水瓶座成三分相；此時木星太陽都在巨蟹座，土星海王星合相在牡羊座。

　　超級叛逆的天王星落入變動的風象星座，讓你創造力爆發，或結合資源，在事業上締造出無限想像空間。有些人可能藉由人工智慧與異業聯盟；在學中的同學，也可能藉由 AI 或高科技產品，與學術結合。加上之前做出的改變，也將迎來意想不到收穫。

若是經營管理者，新的管理模式或事業目標，都逐步落實，配合事業宮有制度章法的執行力，天道酬勤，很難不成功。

◆ 7.18 － 8.11 ◆

水星在獅子座退行。

社會氛圍混亂令人憂心。此時須小心浮誇不實的求財機遇，以免得不償失。

◆ 8.7 ◆

冥王星水瓶－天王星雙子－火星天秤形成風象大三角，落在巨蟹座的水象位置。土海合牡羊對象火星天秤。

投資房地產會有機會；可能有來自各方的詢問，你也會有自己整合運用資源的想法。須先證實小道消息。情緒易受影響。

◆ 11.10 － 11.30 ◆

水星在射手座開始（第三次）退行。水象大三角：雙魚－巨蟹－天蠍，落在巨蟹座的火象位置。此時五星（水、木、土、天王、海王）退行。

這次水星退行，讓巨蟹座對於先前從醞釀到落實的歷程，再次深刻感受。情感情緒方面，有所確認，獲得心靈幸福感。

任何合約、具有法規性質的事務，都須再三留意。

◆ 12.12 ◆

水星進入射手座，太陽、金星、火星也在射手座。

水逆停止（11.30），你的生活回歸正常，請繼續善加分配資源，創造人生高峰；另外由於木星還在退行，你仍須不斷調整自身節奏，嚴謹安排資源，仍可百尺竿頭。

2026 年：翻轉思考

◆ **1.26** ◆

海王星正式進入牡羊座。

　　海王牡羊落在巨蟹座的事業宮，象徵人生頂點表現的領域 ── 認真逐夢，有資源有貴人，將是創造飛黃騰達人生的重要時期。學生努力便能收穫佳績，上班族的辛勤將超越小確幸，可升官加薪。經營管理者，則會活用各種資源突破現狀。

◆ **2.14** ◆

土星進入牡羊座與海王星 0 度合相。

　　事業夢想能有計畫地執行，離落實更近一步。

◆ **2.26 ─ 3.20** ◆

水星在雙魚座退行。

　　此時對於國際性質的事務，不論法律合約、客戶溝通，都須慎重。並盡量避免開始新合作案。出國旅行須再三確認行程。有可能感受到宗教信仰的洗滌，追尋更高的靈魂自我。

◆ **4.26** ◆

天王星正式進入雙子座，與金星合相。

　　顛覆過去或既有的思考模式，更順暢地湧現創意並實現，為未來締造無限可能。尤其將透過心靈層次的提升，以強大的自信心，顯化豐盛的力量。

2023.3.24 – 2026.4.26

獅 子 座

以上升星座為主，太陽星座其次

2023 年：調適壓力

◆ 3.7 － 2026.2.14 ◆

土星進入雙魚座。

　　土星來到獅子座的第 8 宮（疾厄宮），也是「貪嗔癡慢疑」位置，相較其他星座，這三年是獅子鳳凰涅槃重生時期。

　　土星代表責任、成熟、限制和困難。第 8 宮則代表著轉化、變革、遺產、死亡和共享資源等方面。當土星在第 8 宮，意味著個人會面臨許多轉變和挑戰，學習共享資源和處理財務問題，承擔更多責任和壓力，由此逐漸實現內在轉化。

　　這個位置，還表示個人擁有深層次的智慧和洞察力，能理解並適應生命中不可避免的變化和死亡。

◆ 4.28 － 10.13 ◆

冥王星在水瓶座退行，6.11 退回到摩羯座

此時獅子座的你將隱約感受到某種牽制，難以施展拳腳；但也許只是不像之前那麼光彩奪目，並未失去風采。這些限制，對經營管理者或許是資源受限，必須啟動組織瘦身；或新制度上路，成效未明。一般人則感受到錢財資源方面的壓力。可能有人必須處理婚姻危機，須謹慎以對避免人財兩失。

◆ 5.17 － 2024.5.27 ◆

超級吉星木星轉入金牛座。

這裡是獅子的事業宮，帶來的好運勢，足以應對木星退行（9.4 ～ 12.31）牽動事業宮的排山倒海壓力。任何形式的合作關係，都將是獅子未來這幾年的功課。

◆ 8.24 － 9.15 ◆

水星在處女座退行。

此時，掌管著文字溝通、交通傳輸與移動的水星，在處女座是強勢狀態。因此水星退行期間，各種資料都要留意備份；也須反覆檢視差旅行程安排、交通工具安全等。

另外，這次水星退行，落在獅子座的財帛宮，因此，不論是勞資溝通或職場日常細節，若不夠謹慎都可能造成損失。對大老闆們來說，可能有新合作方案出現，建議避免立刻做出關鍵性決定；或因股東、合作夥伴出現雜音，必須有所調整。大型機構如醫院的醫療管理，宜加強資訊或客戶資料保密。

個人部分，不要輕信誇大的飲食健康訊息。注意人際關係，

尤其夫妻情侶間，可能因工作或長輩而有壓力，或因積怨和溝通障礙，導致荷包大失血。也須留意與合作夥伴的互動。這些細節雖然看似微不足道，但都可能造成財庫損失。

期間六顆行星：水、金、土、木、海王、冥王，同時退行修正軌道。是相當重大的星象變動。

各行業將有重磅級整頓，社會激烈批判，令人感覺不安。

水星處女－冥王摩羯－天王金牛，形成土象大三角，落在獅子座的土象位置。

可能在獅子座的錢財、日常工作與事業有明顯變化。

◆ 9.4 － 12.31 ◆

木星在金牛座退行。

工作與事業方面可能壓力增加，但無須太擔心。

◆ 12.13 － 2024.1.2 ◆

水星再次於摩羯座退行。射手座新月。

水星代表溝通和思考，而摩羯座是個在乎實用和現實主義的星座，這次水星退行，就是讓我們以務實的想法、互動模式與人溝通。這次水逆所在，是獅子座的日常生活與例行工作領域，最好對各種細節多點用心和責任感，擺脫雜亂無章。不過，如果平常就超級注重細節，要注意不要過度了。

健康方面，要留意飲食均衡，小心運動傷害。年長的朋友若有不適，請立刻就醫勿拖延。投資理財，能不動則不動。在學的同學，訂立更有效率的自律讀書計畫，會很有幫助的。

2024 年：全面啟動

◆ 1.21 ◆

冥王星再次進入水瓶座，與正水瓶座的太陽合相（冥日合）。

　　冥日合相，代表強烈的轉變和重生的能量。此時冥王星在獅子座的第 7 宮，代表緊密的人際或合作關係 —— 不像 11 宮的江湖兒女為了共同目標齊聚 —— 並自願做出調適。此際的你，將很願意為了在乎的人和事放下身段，只求一切圓滿。

◆ 2.10 ◆

水瓶新月除舊迎新。此刻太陽、水星、冥王星都在水瓶座。

　　新的一年，獅子座的你，無論是事業、職涯、學業或人際關係，都將讓人耳目一新。

◆ 2.17 ◆

冥王星與金星在水瓶座合相。

　　你很認真地堅持落實承諾，無論是事業合作還是夫妻關係，都能感受到正向變化，業績與進帳都具體可見。伴侶間全新的互動模式，讓感情升溫更勝從前。

◆ 4.1 － 4.25 ◆

水星在牡羊座退行。4.3 海王星金星合相在雙魚座，這天，水逆期間同時有土、火、金、海王等行星在雙魚座，意義非凡。

　　長途旅程務必注意安全，行程都須再三確認。此外，所有簽署的文件合約，務必再三詳讀，避免未來法律糾紛。

◆ 4.8 ◆

日全蝕。牡羊新月。

　　牡羊日全蝕發生在獅子座的第 9 宮。日蝕在第 9 宮，意味著一個人可能經歷與信仰、哲學或宗教有關的轉變，重要的心靈變化或開悟。你可能啟動更深刻的思考，並對相關領域展開探索。這都將對生活影響深遠，並引導出新的方向。

　　事業部分，可能提升國際事業版圖，或跨國合作。個人方面，有機會赴國外研習或深造。有的朋友可能計畫出書。你的創造力，此時會是里程碑，將決定方向，或受到某種啟發。在人際關係中，你會以更高更廣的立場為對方設想。

　　代表能量重置的日蝕期間，宜留意情緒波動，前後兩週不要做重大決定。（其餘參見 p.176「2024.4.8 日蝕提醒」）

◆ 5.2 － 10.11 ◆

冥王星在水瓶座二度退行。太陽木星在金牛座合相 28 度，天王星金星在金牛座合相 23 度，水星在金牛座 4 度。

　　5 月間，眾星在金牛座有很多變動，全落在獅子的事業宮，意味著你會很忙：將新的事業計畫向股東溝通，把對的人放在對的位子上；培養團隊默契或緊密合作關係；跟心愛的人加溫感情；跟師長、老闆建立良好關係……等。驕傲的獅子，此刻會放下唯我獨尊想法，融入他人的思路籌畫，成就彼此。

◆ 5.27 － 2025.6.10 ◆

木星進入雙子座。6.4 水星進入，太陽、金星也同在雙子座。

　　當四顆星陸續進入雙子座，你將擁有支持度更高的自五湖四

海網路好友，或志同道合、意氣相投的團體──這都歸功於先前的自我調整，累積好名聲讓人認同喜歡。此時是網紅獅子的好日子，會受到更多關注，任何品牌行銷都可強力放送。大老闆們也可多利用 AI 導入企畫案，或透過網路提升銷售能量。尋找戀情的獅子，有機會透過網路或社群遇見對象。

◆ 7.15 ◆

天王星與火星在金牛座 26 度合相。

　　這是個容易有意外與血光之災的相位，前後幾天須特別注意用刀用火以及膝蓋運動傷害。也可能與上司、長輩、夫妻、夥伴或中央機關發生口角。須謹言慎行，小心突發狀況。

◆ 8.5 － 8.28 ◆

水星在處女座開始退行。

　　水星代表溝通與資訊，當它在獅子座財帛宮退行時，有可能因為不實網路資訊或電商廣告，或熱血義氣幫忙朋友，荷包失血。更要留意網路交友真偽，以免人財兩失。

◆ 9.1 － 2025.1.30 ◆

天王星在金牛座退行。三大外行星同時退行，另加一個土星。

　　過去幾年，天王星在金牛座，可能讓獅子朋友對事業與職業規畫有些不知所措，甚至懷疑人生；但冥王星進入水瓶座之後，你將隱約明白自己面對的困境，與改變的方向，學習放下身段海納百川，並透過他人的真心認可，重塑自我價值。

◆ 10.11 ◆

冥王星停止退行，朝水瓶座前進。

　　過去的努力被肯定，遇到貴人加以晉升提拔，有機會轉換跑道或加入新公司、新團體。

◆ 11.1 ◆

天蠍座新月。冥王星摩羯與火星巨蟹 29 度正對分相。

　　獲得成功以前，獅子一直忍耐著，持續思考，也等待時機。這時期可能有點進退失據。撐過後將迎來海闊天空。

水星天蠍、海王星雙魚、火星巨蟹形成充滿情感與情緒的水象大三角。落在獅子座的水象位置。

　　對家人家事、伴侶的情感，不斷翻騰。直到 11.20，冥王星帶著重磅炸彈來到你的夫妻宮，也是象徵合作關係的領域，你才甘願接受自己是那個該放下尊嚴的人。

◆ 11.20【★重要！】◆

冥王星正式進入水瓶座（～ 2044 年）。人類開始新的篇章，冥王水瓶的財富曲線正式啟動。

　　水瓶座的對宮是獅子座，獅子座的財富，就是自己所在的 1 宮，創造新奇有趣內容、以年輕人為主、創造明星的各種產業，都是機會所在。尤其，充滿熱忱的客製化服務，更是關鍵；無論投身哪個產業，秉持這個心態，將無往不利。（參見 p.108 獅子座財富機會）

◆ 11.26 — 12.15 ◆

水星再次在射手座退行。正在雙子座的木星與水星對分相。

　　須多花時間培養親子關係。師生、情侶間的互動，可能有期待落差。就經營管理者而言，新人的職前訓練或教育訓練，可加強公司文化與制度上的管理。網路方面，網紅可能遭遇雜音，各種 App 功能故障機會增加。

◆ 12.7 ◆

海王星在雙魚座停止退行。

　　無論個人投資或公司營運，將因審慎的人際關係態度，得到意外收穫 —— 可能是財富收入，或是有幫助的貴人資源。

　　由於此處也是夫妻宮，此刻，「驀然回首，那人卻在，燈火闌珊處」。

2025 年：自我提升

◆ 3.14 — 4.7 ◆

水星在牡羊座退行。

　　牡羊座內的眾星變化，對於獅子而言，是引導自我意識提升，與尋找人生真諦的激勵。當尊貴的獅子開始省思，無疑將邁向偶像之路。無論正經歷哪些挑戰，或往哪個方向努力，都應提升層次。只要打開視野格局，都是幫自己加分。

◆ 5.25 ◆

土星進入牡羊座，與海王星合相。

　　此時，近兩年，土星帶給獅子精神或實質上的壓力，難以言喻；獅子們不論在哪，都各自經歷人生前所未有的磨難，無論金錢、親密關係，甚至死亡議題。不過，儘管此時個人主義的擴張色彩仍受壓抑，但由於土星是由雙魚座進入較為明朗的牡羊座，接下來木星也進入巨蟹座（6.10），你所經歷的難處即將終結，有機會為自己安排一場走出陰霾的重生之旅。

◆ 7.7 － 11.8 ◆

天王星第一次進入雙子座，與金星合相，與冥王星水瓶座成三分相；此時木星太陽都在巨蟹座，土星海王星合相在牡羊座。

　　超級叛逆的天王星落入變動的風象星座，撼動獅子座呼風喚雨的社交領域。之前你所承受的艱苦以及改變，迎來意想不到的收穫，尤其是在學術界，或宗教、身心靈領域、國際業務等等。與法律有關的部分，則須多注意。

　　若你是經營管理者，之前費盡心思頂住巨大壓力，將得到應有回饋。苦讀的同學也正要收穫成果。就算自覺平凡，這時期可能出現跳脫框架的價值觀，也可能突發賺錢奇想。

◆ 7.18 － 8.11 ◆

水星在獅子座退行。

　　這段期間，社會氛圍混亂，特別令人煩亂憂心。對獅子座而言，當水星在自己的星座退行時，特別會思考自己的想法與表現模式。要留意別太鑽牛角尖、執著特定立場或態度，或僅根據片

面資訊發出輕率言論。

◆ 8.7 ◆

冥王星水瓶－天王星雙子－火星天秤形成風象大三角，落在獅子座的風象位置。土海合牡羊對象火星天秤。

這意味著，無論是學習或工作，都需要好的夥伴或團隊，一起創造共贏局面。有可能成立具有共同信念、興趣的組織。

這段期間，有機會出遠門；或與志趣相投的朋友們熱絡地參與群組或社團活動。單身獅子有可能認識心儀對象。

◆ 11.10 － 11.30 ◆

水星在射手座開始（第三次）退行。水象大三角：雙魚－巨蟹－天蠍，落在獅子座的水象位置。此時天空中形成五星（水、木、土、天王、海王）退行狀態。

這是段內心劇場活動激烈的時期，從情緒感受到心靈層次，經歷親密關係的三溫暖變化，頻受衝擊。

水星象徵溝通，獅子朋友在這段水星退行期間，親子、情侶或夫妻關係，容易出現溝通問題，一定要保持住理智線，避免破局。此外，出國旅遊度假，須注意確認行程。

◆ 12.12 ◆

水星進入射手座，太陽、金星、火星也在射手座。

水逆停止，也象徵了調整完畢，準備大展身手；就像歌手充份排練後，即將正式上場，要與粉絲們同台歡樂了呢。

2026 年：脫胎換骨

◆ 1.26 ◆

海王星正式進入牡羊座。

當海王牡羊落在獅子座對哲學、宗教、精神、旅行、文化交流、高等教育等方面的探索和探究，具有強烈傾向和渴望的位置，可能會更激發出個人的創造性、想像力、靈感和直覺力量，並帶來追求夢想理想、超越限制、尋找真相的能力。

◆ 2.14 ◆

土星進入牡羊座與海王星 0 度合相。

土星限制了浪漫無邊的海王星，對於計畫出國深造、移民，或拓展海外市場，是個啟動時刻。

◆ 2.26 — 3.20 ◆

水星在雙魚座退行。

這是段五味雜陳時期，獅子座的你，在經歷過人生的無數挑戰後，化身浴火鳳凰。不過，此時水星退行，通常被認為水星所代表的思維、交流和溝通等能力，會遭到削弱或干擾 —— 將可能導致與下面這些事務有關的互動、合同、協議和談判等方面的理解或決策出現混亂、錯誤或延遲，更須謹慎：如財務、投資、共同資產、遺產遺囑、保險、稅務、性愛和變革等。

◆ 4.26 ◆

天王星正式進入雙子座，與金星合相；天王雙子與冥王水瓶，形成三

分相；海王牡羊則分別與天王雙子、冥王水瓶呈六分相。

　　獅子座自此脫胎換骨，破繭重生。工作事業將迎來新風貌；對社交、朋友有不同於以往的想法。

2023.3.24 – 2026.4.26

處 女 座

以上升星座為主，太陽星座其次

2023 年：心緒震盪

◆ 5.17 － 2024.5.27 ◆

超級吉星木星轉入金牛座。

　　此時木星落在你的智慧與遷移宮，這個領域也象徵提升自己身心靈與宗教信仰。有些朋友可能考慮移民，或有機會外派。旅途中，可能認識心儀對象。有些朋友會潛心身心靈學習，或常出國參加朝聖或古文明之旅，都開拓視野提升眼界。

　　也適合拓展公司的國際業務。須留意合同法規。

◆ 4.28 － 10.13 ◆

冥王星在水瓶座退行，6.11 退回到摩羯座

　　讓你有時間調整想法 —— 必須能具體執行，並留意細節。

◆ 8.24 － 9.15 ◆

水星在處女座退行。

此時火星也在處女座，因此完美主義意識爆棚，批評指教不斷，動輒得咎；這段時間，無論任何協商溝通，都盡量撐住不要破局 —— 那些批判挑剔，都是來成就你的。

水星象徵溝通、媒體、資訊和交通，只要與移動有關係的人事物，建議都多加留意。此時你會感到思緒有些混亂，日常生活工作似乎有些脫序，要花些力氣調回軌道，各種資料切記備份。此外也要留意健康，避免過度焦慮。

六顆行星：水、金、土、木、海王、冥王，同時退行。

各行業皆有重磅級整頓。社會氛圍混亂，宜有心理準備。

水星處女－冥王摩羯－天王金牛，形成土象大三角。落在處女座的火象位置。

你會擁有過人智慧表現自己，提升格局，也有強大自信。

◆ 9.4 － 12.31 ◆

木星在金牛座退行。

這段時期彷彿接力賽般，天上星象都在輪番進行變化、調整，對土象變動星座的處女座朋友來說，更大程度是在心靈層面帶來衝擊與課題。你會想要收集很多資訊，加以分析。

另外，須留意此時與股東或是合作對象有關的各種文件。

◆ 12.13 － 2024.1.2 ◆

水星於摩羯座退行。射手座新月。

這次水星逆行落在處女座代表創意、表演、快樂的地方，所

以要注意度假行程安排，或是演出、活動企畫書內容。所有的資料都須備份，謹慎注意交通工具。有些人須留意與學生、孩子、情人之間的溝通。投資理財不宜冒進投機。摩羯座象徵規範的力量，當水星在此退行，很可能政府或公司的管理階層會修訂法規，並壓抑對公權力、規範的破壞或挑戰。

2024 年：審視願景

◆ 1.21 ◆

冥王星再次進入水瓶座，與正水瓶座的太陽合相（冥日合）。

在日常生活或工作，有可能出現不可能的任務，但你會傾力完成；這個挑戰是讓你蛻變為更出色的人。有些人會特別注重健康，並執行健身計畫。有些朋友可能會為了一份重要研究報告，或想出國念書，開始規範作息。也有可能是搬遷到他城或國外，下決心斷捨離。無論哪種情境，你一直以來舒服、習慣的生活模式，將被打破寧靜，被迫重塑新的模式或態度。

◆ 2.10 ◆

水瓶新月。太陽、水星、冥王星此時都在水瓶座。

新的一年，為處女座的朋友，帶來新氣象與好消息。在事業、職涯、財富、資源等面向，都有亮麗表現。

◆ 2.17 ◆

冥王星與金星合相。

非常可能得到豐厚的資源，尤其網路科技方面。業務方面也

可能透過網路行銷創意，讓業績長紅。

◆ 4.1 ─ 4.25 ◆

水星在牡羊座退行。

　　這個位置是屬於「貪嗔癡慢疑」的地方，此時會有一些你擱置不理或假裝忘記的事物，浮上檯面，不得不面對。可能是親密關係或財務困擾。此時投資理財宜保守，能不動則不動。與伴侶間容易因為資源和錢財有歧見。溝通務必拉住理智線。

◆ 4.8 ◆

日全蝕。牡羊新月。

　　牡羊日蝕發生在處女座的第 8 宮，與偏財、贈與或遺產等有關。你在這兩年可能會意外得到豐沛的資源或錢財。

　　代表能量重置的日蝕期間，宜留意情緒波動。（參見 p.176「2024.4.8 日蝕提醒」）

◆ 5.2 ─ 10.11 ◆

冥王星在水瓶座二度退行。

　　這段期間可能須進行資源整合，並重新審視、安排工作。尤其是例行工作的開源節流，會有戲劇化的調整。

◆ 5.16 ─ 5.20 ◆

金牛座同時有日水金木天五星進駐。

　　此時是提升自我境界或拓展業務範圍的契機。兢兢業業的你，終於獲肯定升官加薪。日復一日的閉門研究，也迎來發表機會。平常認真本份執行每個細節，此時終將收獲榮耀。

木星進入雙子座。自 5.24 起金星、5.26 木星、6.4 水星陸續進入雙子座，加上太陽，形成四星同在雙子座。

　　這個位置此時是處女座的第 10 宮，通常與事業、社會地位和公眾形象有關，能以聰敏的方式，輕鬆地進行各種溝通交流。此外，雙子座在第 10 宮，也象徵處女座在事業上，有機會從事與傳媒或教育領域有關，常跟高社會地位的人打交道，或須持續學習和適應新知的行業。會遭遇許多挑戰，但都能順利應對。這是個發揮個人魅力的時刻。

◆ 7.15 ◆

天王星與火星在金牛座 26 度合相。

　　這是一個容易有天災、意外災害與血光之災的相位，須多加小心防範。也要注意海外旅行安全。留意運動傷害。

◆ 8.5 － 8.28 ◆

水星在處女座開始退行。

　　此刻金星也在處女座，所以，你們不但充滿信心，也魅力十足人緣極好，因此會特別注意自己的人際關係與互動模式。水星退行的影響會很明顯，切勿過度糾結，給自己壓力。溝通時有可能出現雞同鴨講的窘境，多些包容耐心維持理智線。

◆ 9.1 － 2025.1.30 ◆

天王星在金牛座退行。三大外行星同時退行，另加一個土星。

　　天王星所在的位置，讓處女座的信仰、信念有所調整。研究方式有所革新，也可能因高等學術研究獲得啟發。

◆ 11.1 ◆

天蠍座新月。冥王星摩羯與火星巨蟹 29 度正對分相。

　　若有子女，此時親子關係可能緊張，須投入時間了解孩子的想法。戀人間容易有溝通問題。工作或創作可能出現瓶頸，有些喜歡的活動可能突然失去興趣，須再次檢視初衷。

水星天蠍、海王星雙魚、火星巨蟹形成充滿情感與情緒的水象大三角，落在處女座的風象位置。

　　處女座的你，將認真去分析與感受內心深處真正想法，也會出現理想的貴人或是配偶，鼎力協助自己的事業或理想。

◆ 11.20【★重要！】◆

冥王星正式進入水瓶座（～ 2044 年）。人類開始新的篇章，冥王水瓶的財富曲線正式啟動。

　　水瓶座的對宮是獅子座，是應對冥王星水瓶蛻變心法的地方，此時獅子落在處女座的 12 宮，是創造夢想願景的地方。（參見 P.117 處女座財富機會）

◆ 11.26 － 12.15 ◆

水星再次在射手座退行。正在雙子座的木星與水星對分相。

　　木星水星元素的互動，與家庭或父母相關，可能涉及移民計畫的溝通，或家人的法律官司。也須特別注意海外旅行。

◆ 12.7 ◆

海王星在雙魚座停止退行。正在 6 宮的冥王星與金星合相。

　　所有忍辱負重將獲得報償。工作、商業或學業上的努力，迎來振奮人心的成果，化蛹成蝶。

2025 年：擘畫藍圖

◆ 3.14 － 4.7 ◆

水星在牡羊座退行。

此時是開啟資源整合及偏財大門，策畫未來藍圖的時期。

◆ 5.25 ◆

土星進入牡羊座，與海王星合相。

土星壓制了牡羊座個人主義的擴張色彩，所以，處女座朋友可能會按部就班獲得資助，或合法遺產、贈與，使事業更上層樓。有些人會有穩定交往對象，或配偶得到紅利、意外之財。這是個資源財務豐盛的時期，但投資理財仍應謹慎。

◆ 6.10 － 2026.6.30 ◆

木星進入巨蟹座。

此時你可能會更想旅遊，並與伴侶或好友偕行。或許會在旅遊時遇見喜歡的對象。經營管理部份，你會讓組織更精簡有效率；業務方面，與異業聯盟，將資源向上整合。

◆ 7.7 － 11.8 ◆

天王星第一次進入雙子座。

雙子座是處女座的事業宮，超級叛逆的天王星落入變動風象的事業領域，對於事業藍圖的創新改變是可預見的，尤其是與科技科學相關的方向。例如傳產創立自己的 App，抑或改變產業定調，譬如跟 AI 更密切結合，提供相關產品與服務。

天王星與金星合相，與冥王星水瓶座成三分相；此時木星與太陽都在巨蟹座，土星海王星合相在牡羊座。

此時星象顯示，雙子之前的改變，帶來意想不到收穫。經營管理者將迎來之前頂住巨大壓力的回饋。苦讀終有所成。或是在其他方面，迸現賺錢方法奇想，或跳脫框架的價值觀。

◆ 7.18 － 8.11 ◆

水星在獅子座退行。

這期間的社會氛圍激烈混亂，令人憂心。處女座個人部份，先前的創作創意，可能遇見瓶頸，或仍須斟酌；或懸而未決的提案被要求修正；或省思自身思考、行為模式並做調整；也可能是與業者溝通不良。都須費些精神和時間面對。

◆ 8.7 ◆

冥王星水瓶－天王星雙子－火星天秤形成風象大三角，落在處女座的土象位置。土海合牡羊對象火星天秤。

有可能提出創意新穎的營利模式，配合高科技或新奇吸引人的執行方法，開啟新的事業高峰。

◆ 11.10 － 11.30 ◆

水星在射手座開始（第三次）退行。天空中形成五星（水、木、土、天王、海王）退行狀態。

此時，退行的水星與火星合相，容易為家中瑣事不開心，或與家中成員有意見矛盾；經營管理者也可能為員工的工作品質或福利政策憂心，動念改革。水星就是溝通的星，文字、資料、通訊、開會、差勤、交通工具等，水逆時都須多留意。

◆ 12.10 ◆

海王星在雙魚座停止退行，朝牡羊座前進。

對合作對象或是一起合股創業的商業夥伴，須謹慎考慮，必要時甚至需要進行背景調查。

◆ 12.12 ◆

水星進入射手座，太陽、金星、火星也在射手座。水象大三角：雙魚－巨蟹－天蠍，座落在處女座的風象位置。

認真審視先前的作業學業進度，以達更完善成功狀態。

經過前段時間水星退行的調整，處女座朋友的工作，在團隊或足夠資源協助下，得心應手；業務也透過網路行銷帶來好成績；求學中的你在本科有突出表現。網路可能有美好邂逅。

2026 年：踏實前行

◆ 1.26 ◆

海王星正式進入牡羊座。

此時在資源或感情方面都會出現理想對象，但可能過於夢幻。還好半個月後，土星會適時拉一把，不至於太不實際。

◆ 2.14 ◆

土星退行後再次進入牡羊座與海王星 0 度合相。

土星限制了浪漫無邊的海王星，讓資源、財務或戀情，都以它該走的軌道在你生命中顯化。

◆ 2.26 － 3.20 ◆

水星在雙魚座退行。

　　你跟合作夥伴、團隊、或是伴侶配偶，因為沒有保留地開誠布公溝通，拉近了彼此距離，或冰釋誤會、澄清謠言。這是段人際關係溝通正向循環時期。

◆ 4.26 ◆

天王星正式進入雙子座，與金星合相；天王雙子與冥王水瓶，形成三分相；海王牡羊則分別與天王雙子、冥王水瓶呈六分相。

　　處女座的朋友，皇天不負苦心人，你們的努力是有代價的，不僅被看到，還為自己鋪就一條光明大道。無論是在工作或課業上，都因為被迫調整而接受挑戰，默默地堅持自己每天該完成的事，堅強的意志力以及不放棄的精神，為你們奠定未來不同格局的事業，以及更高的社會地位。

天秤座

以上升星座為主，太陽星座其次

2023 年：擁抱變化

◆ **3.24** ◆

冥王星第一次進入水瓶座。

　　新的階段即將開始。天秤座的朋友，可能會急於表現與眾不同的自我，因而產生壓力，或在展現才華方面遇到瓶頸，急於突破。若有小朋友，親子關係會比較緊張，須多耐心包容，多花時間陪伴，降低掌控欲。會渴望與戀人間建立新的互動模式，更強烈地表現感情。有些人可能會遇到條件很好的對象，或渴望遇見擁有巨富的對象。

　　冥王星也代表隱藏的財富，也會讓人有莫名壓力，尤其落在水瓶座，讓人不得不應變並改革創新，無論工作或個人表現。有些人會迷上高冒險性、投機性的遊戲或賭博，這更須小心。投資理財部分，儘管高風險可能伴隨高投資報酬率，仍建議野心不宜

過大。這段時期，極可能大起大落。

◆ 5.17 － 2024.5.27 ◆

超級吉星木星轉入金牛座。

象徵美好的事物會變多變大，例如愛情與財富。對於上升天秤座的你，這樣美好的運勢落在第 8 宮，代表強大的偏財運，有機會獲得意外財富，如股票或投資獲利、遺產贈與、無預期的紅利獎金、配偶財富增加等。彩券或發票中獎機率也會增加。可能被賦予掌管財務或（廣義）資源的責任。事業上，也有機會找到財力雄厚、資源豐厚的合作對象。

這是段無法預測財富的時期。木星確是吉星，但也容易讓人樂極生悲，或影響情緒激烈起伏。建議保持平常心就好。

◆ 4.28 － 10.13 ◆

冥王星在水瓶座退行，6.11 退至摩羯座。

此時是讓你將新的目標和企畫打磨得更體、細節更周全的契機，以提升成功的機率。同時也再次回頭省思初衷與人性。

◆ 8.24 － 9.15 ◆

水星在處女座退行。水星處女－冥王摩羯－天王金牛，形成土象大三角。落在天秤座的水象位置。

此時你可能對於資源整合、財務分配安排，反覆思考；或者對某些你在意的人事物，出現要求完美的嚴苛。加上此刻火星也在處女座，可能會導致缺乏圓融與同理心的批判，或太過吹毛求疵。這是段心理活動相當旺盛的時期，就算是出於必要，仍須避免思慮過重造成失眠，並保持平常心。

此時適逢農曆七月，宜謹言慎行、注意安全。

期間六顆行星：水、金、土、木、海王、冥王，同時退行修正軌道，是相當重大的星象變動。

各行業皆有重磅級整頓，社會也出現激烈批判，混亂不堪。應有心理準備面對亂象。

◆ 9.4 － 12.31 ◆

木星在金牛座退行。

此時你會認真審視自己的想法。也可能因家庭或健康因素，重新安排資金或資產。

◆ 12.13 － 2024.1.2 ◆

水星於摩羯座退行。射手座新月。

此時的你，或許因為理想與目標乏人理解、支持，或生活上的事務性（譬如裝潢修繕、活動安排等）與相關業者溝通不暢，或工作上遭遇無妄挫折，有口難言。與家人間的對話更像雞同鴨講。你可能因此有些激動或鬱悶，心情無法平靜。

此時會是一段需要思索資源、財務整合的時期，可能經歷一些討論或調整，甚至必須全盤重來。個人感情部分，多與家人、父母有關。個人或家族旅遊，都務必一再確認行程與訂位。

2024 年：冷靜放鬆

◆ 1.21 ◆

冥王星再次進入水瓶座，與正在水瓶座的太陽合相（冥日合）。

此時將產生帶來強烈轉變和重生的巨大能量。此時也可能會是一段展現自己最有趣、迷人特質的燦爛超吸睛時期：以創意表現自己，在網路社群華麗登場，把自己「明星化」。

親子關係方面，不論是才華洋溢或者難以掌控的孩子，都會是父母操心的對象，須投入更多心力溝通、陪伴。至於感情，天雷勾動地火的激烈戀情是非常有機會出現的。

◆ 2.10 ◆

水瓶新月。太陽、水星、冥王星此時都在水瓶座。

新的一年，天秤座的朋友，喜事連連，財運桃花都順心，可能自己或家人歡喜成家，或買屋換屋，裝潢新居。過年期間手氣不錯。有可能在異國旅途中認識戀愛對象。

◆ 4.1 — 4.25 ◆

水星在牡羊座退行。

與合作夥伴或伴侶會有不同意見。也須注意合同細節。

◆ 4.8 ◆

日全蝕。牡羊新月。

牡羊座日全蝕，發生在天秤座象徵夫妻或合作關係的第7宮，也是人際領域。在這段期間，宜留意情緒波動，前後兩週不要做重大決定。（其餘參見 p.176「2024.4.8 日蝕提醒」）

◆ 5.2 — 10.11 ◆

冥王星在水瓶座二度退行。

這段期間，伴侶或合作夥伴，可能因為親子教育模式，或創

意呈現，有不同看法，多有討論爭議。

◆ 5.16 － 5.20 ◆

金牛座同時有日水金木天五星進駐。5.19，金牛座有太陽木星合相28 度，天王星金星合相 23 度，水星在金牛座 4 度。

5 月份眾星們在金牛座有很多變動，天秤座將以美好的心情迎接。金牛座所在的位置，是天秤座的偏財宮，此時金錢或桃花都有發展：可能有金主入股，或成為合作夥伴；或是與擁有豐厚資源的伴侶步入婚姻；或得到不可思議的遺產、贈與。

這是段充滿驚喜，但也可能是驚嚇的時期 —— 過去的債務或桃花債，也可能此刻出現要求給個說法。

◆ 5.27 － 2025.6.10 ◆

木星進入雙子座。6.4 水星進入雙子座後，將形成太陽、金星（5.24進入）、木星、水星同在雙子座的盛況。

這是個提高境界，拓展視野的領域，你可能會想要出國遊學或研究一門專業學科，或到國外居住一段時間。

形成風象大三角，天秤－水瓶－雙子。

此時你會理智判斷與選擇，不被先前的好運道沖昏頭。

◆ 7.15 ◆

天王星與火星在金牛座 26 度合相。

這是一個容易有、天災、意外災害與血光之災的相位，附近幾天都須注意各種危險工具及運動傷害，也容易破財。

◆ 8.5 － 8.28 ◆

水星在處女座開始退行。

　　水星，代表溝通、交通、移動，在處女座是強勢的位置。此時，近乎苛求的完美主義開始生成，對許多事物有無數的想法與批判，可能令周遭感到壓迫，也為自己帶來無形壓力。

　　經營管理上的溝通安排，會做調整以達更完善，或對資產重新分配。可能刪掉目前的社群帳號，改頭換面重建形象。

◆ 9.1 － 2025.1.30 ◆

天王星在金牛座退行。三大外行星同時退行，另加一個土星。

　　過去這幾年，天王星在金牛座，顛覆了傳統的價值觀，或賺錢的方法。在今天，多元的賺錢途徑、工作或團隊運作模式，都改寫了工作的定義。

◆ 10.11 ◆

冥王星停止退行，朝水瓶座前進。

　　此時的你蓄滿理想與爆發力，工作或學習成果精彩可期。

◆ 11.1 ◆

天蠍座新月。冥王星摩羯與火星巨蟹 29 度正對分相。

　　此時要注意日常生活細節或健康，很可能破財；也可能是家人讓你不得不花錢。有些人或許家庭事業兩頭燒，此刻是臨界點，需要做選擇。不過，這些看似不得不面對的挑戰，以天秤座冷靜思考的特質，加上溝通天賦，多能化危機為轉機。

水星天蠍、海王星雙魚、火星巨蟹形成充滿情感與情緒的水象大三

角，落於天秤座的土象位置。

一直以來縝密規畫的計畫，在你主導下，正穩健地完成。

◆ 11.20【★重要！】◆

冥王星正式進入水瓶座（～ 2044 年）。人類開始新的篇章，冥王水瓶的財富曲線正式啟動。

水瓶座對面的獅子座，是面對冥王水瓶挑戰的心法。獅子座本身就是光彩奪目，這樣的個人主義傾向成為心法時，善於隱藏好惡的天秤，需要時間適應。（見 p.125 天秤座財富機會）

◆ 11.26 － 12.15 ◆

水星再次在射手座退行。正在雙子座的木星與水星對分相。

這期間會有不少出差會議行程，除了注意文字溝通、資料備份等，也須確認行程細節，注意交通安全。代表溝通的水星退行期間，很容易雞同鴨講，或有難以解釋的誤解。此外，也很可能遇見多年未見的老友。

◆ 12.7 ◆

海王星在雙魚座停止退行。正在 5 宮的冥王星與金星合相。

此時在投資獲利、戀愛等方面，都會有不錯的機會。親子互動一掃陰霾親密許多，小惡魔成了小棉襖。

◆ 3.14 — 4.7 ◆

水星在牡羊座退行。

　　牡羊座對天秤座而言，代表著廣義的人際和伴侶關係。因此，水逆可能對這些方面造成狀況。宜保持冷靜、謹慎和耐心，嘗試提升彼此的溝通品質與理解。重要的決定須多斟酌。

◆ 3.30 ◆

海王星第一次進入牡羊座。

　　水逆期間，在牡羊座有許多星進入，尤其是海王星的試水溫般的移宮換位，天秤座的你更會感受到人際關係的調整。

◆ 5.25 ◆

土星進入牡羊座，與海王星合相。

　　土星壓抑了牡羊座個人主義的擴張色彩。這個相位會出現與你一起追求夢想的夢幻合作夥伴；或遇見今生摯愛。

◆ 6.10 — 2026.6.30 ◆

木星轉入巨蟹座。

　　此時你若想拓展國際事務，可能因為理想的合作對象出現，或某個企畫的合適時機到了，會想要更上一層樓。有些人或許遇見終身伴侶，步入婚姻。

　　這是貴人湧現的時期。但也可能有難以掌握的狀態，例如選項太多無法取捨，或躊躇於舊愛新歡間，都讓人頗費心神。

◆ 7.7 － 11.8 ◆

天王星第一次進入雙子座，與金星合相，與冥王星水瓶座成三分相；此時木星太陽都在巨蟹座，土星海王星合相在牡羊座。

之前的改變，帶來了意想不到的收穫。超級叛逆的天王星落入變動的風象星座，改革舊思維是必然的，畢竟不變的真理就是「變」。

而當人工智慧成為時代大勢所趨的工具，不論是經營管理者、各專業技術人才、基層勞動力、學生，都有機會藉 AI 的幫助，提升產能、知識、想像力與視野。天王星象徵的就是創新改革，而網路就是天王星也是水瓶座。

◆ 7.18 － 8.11 ◆

水星在獅子座退行。

這段期間社會氛圍激烈批判，混亂不堪，令人憂心。對於天秤座個人，這段時間的網路社群發表，很容易一不留神就變負評，因應之道是淡然處之，或高情商化解。

經營管理高層，可能須面對體制內雜音，也可能受到專業挑戰，或某項計畫或合作無法達成共識。在水星停止退行（8.11）後，你會積極處理自己認為對的方向，或許不容易，但你會堅持理念，在人際關係中取捨。也可能開始一段婚姻或結束一段關係。

◆ 8.7 ◆

冥王星水瓶－天王星雙子－火星天秤形成風象大三角，落在天秤座火象位置。土海合牡羊對象火星天秤。

自己美好的想法，加上靈活多變的創意，在完善執行的信念

下積極行動，創建屬於自己的新世界。

♦ 11.10 － 11.30 ♦

水星在射手座開始（第三次）退行。天空中形成五星（水、木、土、天王、海王）退行狀態。期間出現水象大三角：雙魚－巨蟹－天蠍，坐落在天秤座的土象位置。

對於先前的商業財務企畫，宜反覆確認，確保都在掌握中。這段期間，建議天秤座朋友盡量避免國際性質的旅遊或投資。如果非出遠門不可，行程細節、安全都須注意。

♦ 12.10 ♦

海王星在雙魚座停止退行，朝牡羊座前進。

繼續為理想、夢想蘊蓄能量，逐日飽滿充實。

♦ 12.12 ♦

水星進入射手座，太陽、金星、火星也在射手座。

射手座之於天秤座，代表著學習、溝通，也與同學同事、兄弟姊妹，文字、媒體、出版，精神或實體上的移動互動等有關，而當很多星同在射手座時，在上述領域，對天秤座的你來說，更是調整思維與行事作風的時期。

2026 年：淬鍊專業

◆ 1.26 ◆

海王星正式進入牡羊座。

　　此時的你，伸張公平正義精神將充分發揮，捍衛人性與人權。只是這部分若不小心，容易流於不盡人情的苛求，或過於理想化。不過，有些合作關係確實必須由情理法的天秤來規範。經營管理層可能會調整規範，以求公平。

　　此時也是天秤座的夫妻宮，或許會發現伴侶的另一面，也可能是合作夥伴的行為讓人幻滅。主動修復、調整彼此關係，是必修功課。

◆ 2.14 ◆

土星進入牡羊座與海王星 0 度合相。

　　土星煞停海王星過多的情緒，也讓你按部就班執行想法。

◆ 2.26 － 3.20 ◆

水星在雙魚座退行。

　　這是段檢視工作程序的時期。此時的雙魚座之於天秤座，代表每日固定的例行工作，所以水星的退行，會讓你察覺平時不見得留意的程序細節不妥或異常之處。這個宮位也是充滿資訊之處，因此，各種資料尤其需要注意備份，或必須對整理、收納與管理的方式，進行檢視與調整。

　　也可能出現健康警訊，讓你注意養生、睡眠等課題。

◆ 4.26 ◆

天王星正式進入雙子座，與金星合相；天王雙子與冥王水瓶，形成三分相；海王牡羊則分別與天王雙子、冥王水瓶呈六分相。

此時你將以淬鍊過的深層專業，帶著團隊華麗登場。無論在哪個領域，都會以更高的視野、更寬廣的知識面，呈現才能。

2023.3.24 – 2026.4.26

天 蠍 座

以上升星座為主，太陽星座其次

2023 年：記憶暗影

◆ 3.24 ◆

冥王星第一次進入水瓶座。

　　此時你的原生家庭或家族可能讓你有些壓力，或有些與家人有關的事必須處理，譬如陪伴就診或健康、法律諮詢等。工作方面，心理壓力大，或許是工作量過多，或作息受影響。

　　天蠍座屬於水象，而守護天蠍的冥王星，又落在水象的家庭與靈魂深處宮位，這樣的安排，是讓天蠍座的你直視內心深處。這段時間，有機會買賣或甚至繼承、贈與房產或土地，也可能將老宅重新裝潢後出售，獲利數倍。

◆ 4.28 － 10.13 ◆

冥王星在水瓶座退行，6.11 退至摩羯座。

你的內心會因為工作或學習有些煎熬。冥王星毀滅的力量，會讓你想要直接結束重來某個計畫，或產生離職轉職念頭。人際關係部分，很容易陷入妥協或放棄的天人交戰。但這些過程，都推動你更深入思考分析後再做決定。

◆ 5.17 － 2024.5.27 ◆

超級吉星木星轉入金牛座。

木星落在天蠍座的夫妻與合作關係宮位，代表貴人無數，會遇見讓自己一展鴻圖的合作夥伴，或組織一個無敵專業跨國或異業聯盟；但過程會有內心小劇場或天人交戰的猶豫。單身的你，有機會遇見適合對象，但家人或家族可能有意見。若與家人討論房屋改造、裝潢或都更，少不得費一番精神。

◆ 8.24 － 9.15 ◆

水星在處女座退行。

水星象徵文字溝通、交通傳輸、精神或實質上的移動。這次水星退行落在天蠍座的社交圈，網路社群可能雜音四起，你可能動念過濾朋友圈，甚至刪掉帳號重來。

經營管理者或許會遇到公司部門間對於工作安排有不同意見，或溝通不順。水星在處女座，原本就是會對瑣事吹毛求疵，加上火星也這裡，此時，完美主義會在這些人際關係中毫不保留地展現。務必盡量維持理性溝通。此時宜避免做出重大決定，如裁員或離職、結婚離婚、買房賣屋等大事。

期間六顆行星：水、金、土、木、海王、冥王，同時退行修正軌道。是相當重大的星象變動。

各行業皆有重磅級整頓，社會激烈批判，氛圍混亂不堪。

水星處女－冥王摩羯－天王金牛，形成土象大三角。落在天蠍座的風象位置。

土象的力量會落實想法與計畫，但期間適逢水星退行，則表示溝通時的耐心更加重要。

◆ 9.4 － 12.31 ◆

木星在金牛座退行。

從此時到年底，天上星象彷彿接力賽般，輪番出現各種變化調整；對水象的天蠍座而言，天上人間的每次改變都會牽動內心，需要心理準備但多半不可得，只能盡力調適。

◆ 12.13 － 2024.1.2 ◆

水星於摩羯座退行。射手座新月。

水星代表溝通、思考，而摩羯座代表務實、傳統規範。之於天蠍座，此時的位置是代表學習、溝通、工作的第 3 宮，而水星本來就是 3 宮（雙子座）的守護星，因此水逆期間，務必小心各種資料資訊的備份，以及無論是當面或通信溝通是否準確傳達，或一時不察產生誤解。尤其兄弟姊妹或同儕間的溝通，更須留意。差旅行程應再三確認細節。

2024 年：衝動潛藏

◆ 1.21 ◆

冥王星再次進入水瓶座，與正在水瓶座的太陽合相（冥日合）。

當太陽與毀滅重生力量結合時，產生巨大轉變能量的同時，

自我防禦意識益形強烈。這段時期，工作或團隊表現優異，但不允許其他人侵犯領域或挑戰。另外，夫妻間可能因為家事或親子互動，出現必須處理的問題，但都能有解方。

◆ 2.10 ◆

水瓶新月除舊迎新。此刻太陽、水星、冥王星都在水瓶座。

新的一年，對天蠍座的你來說，家中氣氛輕鬆，有可能喜事連連，或配偶有好事發生。木星金牛在此發揮極大效應。

◆ 2.17 ◆

冥王星與金星在水瓶座合相。

可能出現意外的資金、獲利，或配偶獲得贈與、獎金。

◆ 4.1 － 4.25 ◆

水星在牡羊座退行。4月3日海王星金星合相在雙魚座，這天，水逆期間同時有土、火、金、海王等行星在雙魚座，意義非凡。

◆ 4.8 ◆

日全蝕。牡羊新月。

牡羊日全蝕發生在天蠍的日常工作、生活領域，有可能在健康養生方面出現一反常態的積極性，或對健身計畫的堅持。工作方面，則更深入檢討程序細節，建立省力但提高效能的辦法。切記不要過度或執著，結果淪為焦慮的工作狂。

有可能出現生活或工作上的艱難任務，但你會傾力去完成，也將藉此蛻變為更出色的人。

在不同情境的你，可能因為各種原因開始重新規畫日常生活，

改變習慣或下決心斷捨離，並且落實。總之，你一直以來的固定生活模式，將徹底打破，並且由被動轉為主動，重塑新的模式與對應心態。

代表能量重置的日蝕期間，宜留意情緒波動，前後兩週內不宜輕易做重大決定。（其餘參見 p.176「2024.4.8 日蝕提醒」）

◆ 5.2 — 10.11 ◆

冥王星在水瓶座二度退行。

此時是你的人際關係大躍升時期。且並非泛泛之交或半生不熟的網友，而是密切如伴侶般的合作，並幫助彼此完成自我實現。單身朋友可能遇見外貌與物質條件皆美好的對象。經營管理者或創業者，有機會適時獲得重要資源、人才或夢幻合作對象。在學中的你，也可能遇到學習之路的關鍵貴人。

◆ 5.27 — 2025.6.10 ◆

木星進入雙子座。之後幾天，水、日、金、木同在雙子座。

這裡也是天蠍座的第 8 宮（疾厄宮、偏財宮），正是天蠍座自己原本的位子，影響力將大幅擴張。8 宮代表人類潛意識的欲望，也象徵他人與自己的世俗欲望，最常見的就是權力、金錢與性，都是 8 宮擁有價值感的途徑。

同時，它也是人類「貪嗔癡慢疑」的領域，當日水金木同時在此處時，威力驚人。這段時期，你充滿雄心壯志，對於目標義無反顧，全力以赴，又有靈巧的溝通技巧，有機會成為資源整合最大的獲益人，甚至可能開啟跨國合作。

更重要的，木星停留在雙子座期間，代表偏財好手氣、意外的金錢或資源，單身者有機會在出國期間脫單，而且對象條件超

優。不過，已婚者也要注意不當的誘惑或婚外情。投資理財，更要因獲利而謹慎，不宜過度加碼。這段期間，「貪嗔癡慢疑」的人性考驗，也是你修行的過程。

◆ 7.15 ◆

天王星與火星在金牛座 26 度合相。

這是個容易有意外災害與血光之災的相位，除了注意安全或突發狀況，也請多留意家人或合夥人間的溝通，此時情緒容易波動，一旦觸發，甚至可能上演全武行。退一步海闊天空。

◆ 8.5 － 8.28 ◆

水星在處女座開始退行。

此刻的金星也在處女座，所以，你會注意人際關係與互動模式，比如說相當在意自己在社群網站的形象；在工作場合，則魅力十足，人緣極好。不過，當此刻水星退行，在形象、溝通相關領域的影響就會滿明顯，例如在社群網站的發言或照片，可能有負面回應。切勿過度焦慮糾結。

◆ 9.1 － 2025.1.30 ◆

天王星在金牛座退行。三大外行星同時退行，另加一個土星。

天王星退行所在的位置，讓天蠍座的夫妻或合作關係起了變化，你會深思熟慮以雙贏為前提，來改善、鞏固這段關係。

◆ 10.10 ◆

所有外行星（木、土、三王）皆在退行狀態。

創意的呈現，可能陷入瓶頸。若有小朋友，應是親子黑暗期。

你會調整資源、資金，去平衡不足之處。

<h2 align="center">◆ 10.11 ◆</h2>

冥王星在摩羯座停止退行，與月亮合相。

會有重新掌握自己的感受。或家事塵埃落定。

<h2 align="center">◆ 11.1 ◆</h2>

天蠍座新月。冥王星摩羯與火星巨蟹 29 度正對分相。

此時的你，可能正面對關鍵的競賽、測試或選拔，並取得出國、學術、專業進階，或進入某研究機構的資格。

水星天蠍、海王星雙魚、火星巨蟹形成水象大三角。落在天蠍座的火象位置。

此時的你，能夠消弭外界事物引發的情緒與情感，並非不困擾，而是能隨著自我調整而抒發。水元素特別強調感覺與歸屬感。不同的水元素星座動能不同，譬如落在天蠍座的水星，關心的是真實的親密關係，守護堅持曾有的深刻感受。這些內心特質，也影響你對於財富的重視態度與角度。

<h2 align="center">◆ 11.20 【★重要！】 ◆</h2>

冥王星正式進入水瓶座（～ 2044 年）。人類開始新的篇章，冥王水瓶的財富曲線正式啟動。

水瓶座的對宮是獅子座，是應對冥王星水瓶蛻變心法的地方，此時獅子座落在天蠍座的 10 宮。10 宮象徵人生的頂點，代表名聲志業，是我們與外界連結的社會舞台、對尊榮地位的追求，也是刻苦耐勞後的終極目標。此時不妨冷靜並坦率地向外展現你經歷毀滅重生的淬鍊後，獅子般昂首的尊貴驕傲。（參見 p.132 天蠍

座財富機會）

◆ 11.26 — 12.15 ◆

水星在射手座退行。正在雙子座的木星與水星對分相。

此時由於木星水星元素的互動，對於財務分配或海外投資等，須更加小心，切勿聽信不實訊息。須注意各種差旅細節。

◆ 12.7 ◆

海王星在雙魚座停止退行。冥王星與金星合相。

此時落在家庭宮的冥王星與金星合相，你的家族可能提供資源讓你完成夢想。海王星即將再度蓄滿能量，意味著你在內心思考已久的計畫、夢想，即將進一步實現。

2025 年：整頓身心

◆ 3.14 — 4.7 ◆

水星在牡羊座退行。

此時天蠍座的日常生活起了變化，會特別介意健康報告，並下決心落實健康或健身計畫。有些朋友則可能在職場中為了瑣碎、不舒服的狀態糾結，費時費神矯正；切勿過度焦慮或成為工作狂。若是學業遭遇難題，出聲求助才有機會前進。

◆ 3.30 ◆

海王星第一次進入牡羊座。

不安全感消失，理想主義崛起。

◆ 5.25 ◆

土星進入牡羊座，與海王星合相。

　　土星規範了牡羊座個人主義的擴張色彩，務實地在每天工作中扎實地完成每件事，以確保創新計畫按部就班實現。

◆ 6.10 － 2026.6.30 ◆

木星進入巨蟹座。

　　此時的你，很可能完全無法待在家，因此出國旅遊、遊學或長住，組團或攜伴運動、朝聖、親近山水，都有可能。有些人或許會在旅途中脫單。經營管理方面，有可能精簡或合併組織；業務部份有機會異業聯盟，整合資源併力向上。

◆ 7.7 － 11.8 ◆

天王星第一次進入雙子座，與金星合相，與冥王星水瓶座成三分相；此時木星太陽都在巨蟹座，土星海王星合相在牡羊座。

　　雙子座所座落之處，是代表天蠍座自己的 8 宮，而當超級叛逆的天王星落入變動水象的領域，並不是很舒服的狀態。你會想改變現況，破蛹而出，但每個人的狀況不一，可能有些是家人間的互動，或事業、個人心理問題等。總之別放棄尋找解方或創造有利情況，尋求專業諮詢或求助 AI，都不妨一試。

　　有些天蠍座朋友，會因偏財運獲得無法預測的意外之財，如果能將福氣分享出去，內心的幸福會更滿足。也有可能，你會與傾慕已久的對象展開戀情，或與截然不同類型的對象在一起。天王星的不可測，將顛覆許多成見或僵化想法。

◆ 7.18 － 8.11 ◆

水星在獅子座退行。

　　這段期間社會氛圍激烈混亂，令人憂心。天蠍座個人部分，先前的創意、創作，可能遇見瓶頸，或是懸而未決的企畫案，有必要修正。但此時也是一個省察自己思考或行為模式並嘗試調整的契機。比方說你可能突然發現了先前設計的手遊或程式的疏漏，此時的強力補救，結果說不定更勝前作。

◆ 8.7 ◆

冥王星水瓶－天王星雙子－火星天秤形成風象大三角，落在天蠍座水象位置。土海合牡羊對象火星天秤。

　　想法與感情的交錯，你會檢視目前致力改變的方向，無論在情感上或是資源整合進度，你都常在心中思量評估，希望能達到最理想的狀態。

◆ 11.10 － 11.30 ◆

水星在射手座開始（第三次）退行。天空中形成五星（水、木、土、天王、海王）退行狀態。

　　射手座之於天蠍座，代表著會花大錢出國或投資海外市場，或宗教方面的巨額捐獻。而當很多星在射手座退行時，對於天蠍座，很容易大手大腳揮霍，只要符合信念，你都甘之如飴 —— 儘管他人無從置喙，但起碼必須再三確認真實性。謹慎起見，這段時間，最好避免國際性質的投資或旅遊。但如果非出遠門不可，須再三確認行程，並特別注意交通安全。

水象大三角：雙魚－巨蟹－天蠍，座落在天蠍座的火象位置。

此時你可能對自己的創作表現不凡深具信心，或對投資獲利信心大增；也有機會到國外置產，或因工作成績優異獲得外派任命。不過，在水星退行期間，不妨鴨子划水，在水面下努力布局，稍等到退行結束再對外進行。

◆ 12.10 ◆

海王星在雙魚座停止退行，朝牡羊座前進。

迷茫期結束，確定努力方向。但可能缺乏平衡客觀的洞見。

◆ 12.12 ◆

水星進入射手座，太陽、金星、火星也在射手座。

射手座是天蠍座的財帛宮，這時期充滿賺錢動力和想法，且有好的獲利模式；有些朋友會拓展海外國際業務，迎來佳績。

2026 年：創作爆發

◆ 1.26 ◆

海王星正式進入牡羊座。

此時很容易為了理想成了工作狂 —— 尤其（廣義的）藝術創作 —— 而忽略身體狀況。這是個創作力豐沛且勢不可擋的狀態，為了達到更高境界，不惜殫精竭慮。然而健康才是財富之首。

◆ 2.14 ◆

土星進入牡羊座與海王星 0 度合相。

土星限制了漫無邊際的海王星，挽救了規律盡廢的生活作息，

也推促你嘗試訂出進度計畫，按部就班執行想法。

◆ 2.26 － 3.20 ◆

水星在雙魚座退行。

　　雙魚座之於天蠍座而言，是創意、有趣、創新的領域，而水星的退行，正是為了讓你稍停腳步，靜心思考創作。由於水星代表文字、溝通、資料訊息，因此創作相關檔案、通信、文件，務必留意備份。這裡也代表親子關係，切記多給孩子一些包容力與耐心，而好好陪伴或許就是更強大的溝通語言。

◆ 4.26 ◆

天王星正式進入雙子座，與金星合相；天王雙子與冥王水瓶，形成三分相；海王牡羊則分別與天王雙子、冥王水瓶呈六分相。

　　你將在自己日復一日的堅持與從不間斷的練習中，鍛鍊出不可思議的堅心，創造無可取代的人生高峰。

2023.3.24 – 2026.4.26

射 手 座

以上升星座為主，太陽星座其次

2023 年：溝通未來

◆ **3.24** ◆

冥王星進入水瓶座。

　　此時你可能感受到「學習」帶來的壓力與挑戰感。但這也為個人帶來了成長機會，尤其是與同儕手足之間的競爭。

　　溝通方面，你偏向理智與邏輯思考，將以超然的心智與深層溝通模式與人互動。水瓶座的創新科技特質，使得有些射手座，極富潛力成為 AI 溝通師，依據客戶或研發團隊需求，以出色的語言溝通技巧、跨領域的專業知識，協助 AI 在各種應用場景為人類提供精準、高效能的解決方案建議。若你是經營管理層，可能正思考如何將 AI 導入公司內部學習系統或溝通管道，使團隊運作如虎添翼。

◆ 4.28 － 10.13 ◆

冥王星在水瓶座退行，6.11 退至摩羯座。

可能因為工作或學習有些煎熬，你將積極地尋找適合自己與他人的溝通模式，或動念投資自己，學習科技語言與新知。

◆ 5.17 － 2024.5.27 ◆

超級吉星木星轉入金牛座。

射手座守護星是木星，此時進入充滿金錢與桃花貴人的金牛座，木星擴張的效應，會將（金牛座的守護星）金星能量放大。金牛座之於射手座而言，是日常例行工作與生活健康領域，有可能你會帶頭鼓勵家人朋友同事一起注意健康與運動。單身朋友可能因工作獲得戀情。總之，木星金牛的怡然自得，會為日常的每一天帶來平安滿足的小確幸。

不過，還是要小心避免過度追求完美與細節，成為吹毛求疵的工作狂；或太注重健康飲食，卻對自己和親友形成壓力。

◆ 8.24 － 9.15 ◆

水星在處女座退行。水星處女－冥王摩羯－天王金牛，形成土象大三角。落在射手座的土象位置。

此時對射手座的影響，多半與工作、事業與收入有關。水星退行期間，你或許會被指派處理無法輕鬆對付的重任或棘手問題，有可能在某些細節或資料上有疏漏，或難以與團隊或客戶達成共識，並因此承受長官長輩的批評或壓力。

也可能健康方面出現警訊；若有必要，宜請教不同醫師再做決定。日常生活中一直被忽略的細節，此時也不得不處理，例如必要的修繕或更換家電。

期間六顆行星：水、金、土、木、海王、冥王，同時退行修正軌道。是相當重大的星象變動。

社會將有重磅級整頓現象，激烈批判，令人憂心不安。

◆ 9.4 － 12.31 ◆

木星在金牛座退行。

注意日常生活、工作的流暢度。之前有可能過度樂觀自信，此時正好審視調整。減重健身不宜過度，須循序漸進。

◆ 12.13 － 2024.1.2 ◆

水星於摩羯座退行。射手座新月。

這次水星退行，是在射手座的財帛宮，也是你擁有資產財富的地方，這意味著會遭遇一些需要調整心態的突發情況。此時不宜有過多的投資理財，或太多方向，請保持客觀、理智與務實的分析，勿輕易作出重大承諾。

出差旅行務必再三確認行程；尤其親子旅遊，更要以保守、安全為務。健康諮詢時，請多留意得到的資料數據。

下半年，眾星在我們頭頂上輪番變化、調整，彷彿接力賽般，印證天地無常，對變動火象射手座而言，這些彷彿是追求人生自由或意義的過程，雖有挑戰，卻欣喜萬分接下來了。

2024 年：被動轉彎

◆ 1.21 ◆

冥王星再次進入水瓶座，與正在水瓶座的太陽合相（冥日合）。

不論是學術或商務應用，此時有可能投資導入 AI 工具，簡化重複的資料輸入或統計工作，提高分析研究效能。

◆ 2.5 ◆

冥王星與水星在射手座的學習宮合相。

在文字、學習、媒體或溝通相關的領域，你會浮現突破性的想法，也可能找人討論，並朝那個方向前進。或許會在新的（課程、旅遊）社交圈結識新朋友。

◆ 2.10 ◆

水瓶新月除舊迎新。此刻太陽、水星、冥王星都在水瓶座。

新的一年，射手座的朋友，會更忙著出國、旅遊，或與親友歡聚。木星金牛發功，帶來無法擋的好運道。

◆ 2.17 ◆

冥王星與金星在水瓶座合相。

可能在差旅、學習期間出現意外的戀情或意外之財。

◆ 4.1 － 4.25 ◆

水星在牡羊座退行。期間海王星金星合相在雙魚座（4.3），使得此時有土、火、金、海王等四行星在雙魚座，意義非凡。

因水星代表溝通，此時尤其要注意親子互動，多些耐心與包容。此時你會思考自己想要什麼樣的真正幸福快樂，或許也可視為重新定義精神上的財富觀。

若你從事的公眾媒體相關工作，包括網紅、演藝事業，須注意流言蜚語。淡然處之就好。

♦ 4.8 ♦

日全蝕。牡羊新月。

水逆期間，牡羊日全蝕發生在射手座的快樂宮，象徵子女、歡樂，展現創新與才華的舞台。日蝕的能量非常巨大，也代表能量重整，在上述領域更容易感受到變化，也被迫思考。例如對於孩子，你將不得不創造新的表達模式；或一直以為的幸福快樂方法或泉源，有了改變，必須嘗試新的可能。

留意情緒波動。前後兩週不要做關乎人生的重大決定。（其餘參見 p.176「2024.4.8 日蝕提醒」）

♦ 5.2 － 10.11 ♦

冥王星在水瓶座二度退行。

5 月份有不少行星進入金牛座，在日常生活中，若無意外，可能出現美好的人事物。辛勤努力有所獲，或得到讚賞。有些人會更注重健康。須注意避免過度注意細節而忽略全貌。

♦ 5.27 － 2025.6.10 ♦

木星入雙子座。之後幾天，水、日、金、木將同在雙子座。

雙子座之於射手座，就是「自己以外」的人，也象徵夫妻或夥伴關係，有些戀人可能進入婚姻。創業者有機會遇見不錯的合作對象。這是個充滿貴人與喜事的時期，但自己的努力與運籌帷幄，仍不可少。加上水星進入雙子，長袖善舞社交模式全開，會認識許多朋友，包括合適的伴侶或夥伴。

◆ 7.15 ◆

天王星與火星在金牛座 26 度合相。

這個日子附近，要特別留意各種天災、意外，或血光之災。在日常或差旅期間，與人溝通，要注意避免過度激烈。留意運動傷害，及身體的異常不適，須盡快就醫檢查。

◆ 8.5 ─ 8.28 ◆

水星在處女座開始退行。

須注意與長輩長官間的溝通。如果你的工作是公關，或需要頻繁與外界接觸，力有未逮或徒勞的感覺會增加。要留意資料或訊息傳達，避免不必要誤會。資料都須備份。

◆ 9.1 ─ 2025.1.30 ◆

天王星在金牛座退行。三大外行星同時退行，另加一個土星。

過去疫情這幾年，天王星都在金牛座，此時退行，你可能有些擔心被資遣或解聘，或是生病。幾年大疫間，無論工作或健康，你早已累積許多莫名不安。所幸到 2026 年，天王星將離開金牛座進入雙子座，這些不安感也會隨之消失。

◆ 11.1 ◆

天蠍座新月。冥王星摩羯與火星巨蟹 29 度正對分相。

射手座朋友，可能為了家庭、家人，在財務或資源分配上受到拉扯，經歷天人交戰的煎熬。所幸木星貴人多能出手相助，或有個奇妙的轉圜契機，最後功德圓滿。

水星天蠍、海王星雙魚、火星巨蟹形成充滿情感與情緒的水象大三

角，落在射手座的水象位置。

因為這個大三角落在你的水象，所以你能夠消化外界事物引發的情緒與情感 —— 並非不困擾，而是內在的感受，能隨著自我調整得以抒發。

♦ 11.20【★重要！】♦

冥王星正式進入水瓶座（～ 2044 年）。人類開始新的篇章，冥王水瓶的財富曲線正式啟動。

水瓶座的對宮是獅子座，是應對冥王水瓶蛻變心法所在，此時獅子座落在射手座的第 9 宮，是射手座本身所屬宮位。所以，射手朋友只需要自然展現渾然天成魅力，無須做作。你會開始自己的人生哲學觀，並發展長期的心靈與精神寄託。（參見 p.141 射手座財富機會）

♦ 11.26 － 12.15 ♦

水星再次在射手座退行。正在雙子座的木星與水星對分相。

此時木星水星元素互動，代表你的社交活動或與合夥人的互動，須多些耐心、包容，避免雞同鴨講造成誤解。若須出國或旅行，切記再三確認行程與訂位。

♦ 12.7 ♦

海王星在雙魚座停止退行。

此時落在學習宮的冥王星與金星合相，你的同學、手足可能提供資源讓你完成夢想。而當海王星節制無邊際的想法時，也將是落實規畫、執行你夢想計畫的時刻。

2025 年：靈性昇華

◆ 3.14 — 4.7 ◆

水星在牡羊座退行。

　　牡羊座內的眾星變化，影響射手座的戀愛宮與子女宮，也象徵展現自己才華的模式。這時候可能有人告白，或玩笑打鬧式的曖昧。請耐心與孩子溝通。注意交通安全。

◆ 5.25 ◆

土星進入牡羊座，與海王星合相。

　　土星壓抑了牡羊個人主義的擴張色彩。你會有章法地訓練你具有天分的孩子，並迎來傑出表現。若你是公眾人物或網紅，不妨策略性地製造話題。熾熱戀情有機會發展成婚姻。

◆ 6.10 — 2026.6.30 ◆

木星進入巨蟹座。

　　此時的你可能很想出國，或長住或求學，尋找心中的歸屬之地。有可能在旅途中發展戀情。經營管理部分，你將整併組織，更精簡有效率；業務部分有異業聯盟機會，一起向上。

　　由於超級吉星（木星）落在偏財宮位，有可能結合資源或得到贈與。這裡也是貪嗔癡慢疑的所在，木星同時會放大這個效應，所以，得到之時也是考驗之始。

◆ 7.7 — 11.8 ◆

天王星第一次進入雙子座，與金星合相，與冥王星水瓶座成三分相；

此時木星太陽都在巨蟹座，土星海王星合相在牡羊座。

雙子座所座落之處，是射手座代表配偶或合作夥伴的 7 宮，屬於互動較緊密的社交圈。超級叛逆的天王星落入風象領域，伴侶間會有許多差異見解，此時會想去改變對方，但也有可能一起學習成長，正向地改變彼此關係。長遠來看，這也會影響財富地圖的風景。

同樣的，合作夥伴間的關係也會有變化，可能創新改革，或分手收場。

◆ 7.18 － 8.11 ◆

水星在獅子座退行。

這期間的社會氛圍激烈混亂，令人憂心。射手座個人部份，與合作夥伴、伴侶間的關係與互動，或許會出現一些狀況，你將更深思熟慮設法改善；也可能投入身心靈修行，或藉由宗教信仰來處理或超越眼前狀況。

◆ 8.7 ◆

冥王星水瓶－天王星雙子－火星天秤形成風象大三角，落在射手座風象位置。土海合牡羊對象火星天秤。

你將串聯不同思維模式與溝通方法，以更客觀、同理的角度，改善你此時的人際問題。

◆ 11.10 － 11.30 ◆

水星在射手座開始（第三次）退行。天空中形成五星（水、木、土、天王、海王）退行狀態。水象大三角：雙魚－巨蟹－天蠍，座落在射手座的水象位置。

這次水星退行，讓射手座對於內心深處的感受與欲望，昇華成多層次的靈性追求。

在射手座自己1宮（命宮）的水星退行，會讓我們很警醒地思考人事物，因為似乎每件事都在預料之外；而木星能量則會放大這些驚喜或驚嚇。水逆也是提醒：充分的心理準備可以是一種習慣：注意資料備份，時時檢視行程，小心交通安全。

◆ 12.10 ◆

海王星在雙魚座停止退行，朝牡羊座前進。

迷茫不安期結束，準備展現才華大展身手，無論新工作或新計畫，都可期待完成夢想目標。

◆ 12.12 ◆

水星進入射手座，太陽、金星、火星也在射手座。

此際在你自己的1宮充滿了各星體的能量，精彩絕倫。無論想到什麼計畫，或有趣的活動，你都會立刻著手計畫，不計代價徹底執行，並且盡情享受過程與結果。

即時行動就是及時行樂，使生命充滿躍動感。行動力與自由，都是富人的特質。

◆ 1.26 ◆

海王星正式進入牡羊座。

　　將為理想或信念而努力的時期到來了。尤其是各類藝術領域，此時你的創作能量與爆發力已開始展露，氣勢驚人，甚至不計付出的時間精力與報酬是否平衡，一心只想為理想奉獻。要小心成了罔顧健康與人情的工作狂。

◆ 2.14 ◆

土星進入牡羊座與海王星 0 度合相。

　　土星限制了漫無邊際的海王星，讓創作表演有了它自己的節奏或章法，也促使你按部就班執行想法。

◆ 2.26 － 3.20 ◆

水星在雙魚座退行。

　　雙魚座之於射手座，是靈魂深處，也是家的領域。水逆因而是讓你停下來思考創作初衷及深層想法的契機。水星代表溝通與資料訊息，退行期間，任何形式創作都須備份。此時的你，也會審視資源的分配；或與家人相關的錢財，是否運用妥當。

◆ 4.26 ◆

天王星正式進入雙子座，與金星合相；天王雙子與冥王水瓶，形成三分相；海王牡羊則分別與天王雙子、冥王水瓶呈六分相。

　　叛逆的天王星進入風象雙子座，帶來的劇烈改變狀態，對射

手座而言，是可以勇敢迎上但並不能算是舒服的狀態；但所幸有金星一起，多了些甜美的戲劇性色調。

有機會閃婚；或可能奉子成婚；或喜歡上完全不符合自己期待的對象。甚至可能外遇 —— 須有所節制，否則日後波瀾難料。

事業部分，自我呈現光彩奪目，公眾人物或網紅，此刻會將魅力展現無遺。

2023.3.24 – 2026.4.26

摩羯座

以上升星座為主，太陽星座其次

2023 年：反求諸己

◆ 3.24 ◆

冥王星進入水瓶座。

此時起，摩羯座的你對金錢的思考，悄悄地有了不同想法。工作可能出現瓶頸或須升級，學習新的概念或技術，尤其是與時俱進的 AI 新科技，只是會因每人場域不同有所調整。

◆ 4.28 － 10.13 ◆

冥王星在水瓶座退行，6.11 退回到摩羯座。

可能因為不同於以往的賺錢模式，或價值觀受到衝擊，需要時間緩和情緒，適應狀況；或健康方面有些問題，須認真對待。當冥王星再次回到摩羯座自己的位置時，許多事皆不妨反求諸己，譬如重新思考之前的工作或學習方案，或溝通模式。

◆ 5.17 － 2024.5.27 ◆

超級吉星木星轉入金牛座。

　　具備擴張效應的木星，此時進入充滿金錢與桃花貴人的金牛座，會將（守護金牛座的）金星能量放大；而金牛座之於摩羯座，象徵愛情、親子關係，以及心理目標與自我呈現。可能想去度假旅遊，讓孩子或戀人感覺愉悅。工作上或學業上有知性卓越表現。此時偏財運與手氣不錯，謹記要有所節制。

◆ 8.24 － 9.15 ◆

水星在處女座退行。

　　水星象徵文字溝通、交通傳輸、移動，也是處女座的守護星，在處女座是強勢狀態。此時水星處女在第 9 宮，對於任何事物，會有打破沙鍋問到底、非找到滿意答案不可的傾向，但水逆期間，切記不要太過。此處也是出國旅遊或國際事務的相關宮位，須留意行程細節，安全或突發狀況。

水星處女－冥王摩羯－天王金牛，形成土象大三角。落在摩羯座的火象位置。

　　摩羯座的你本就屬於土象波長，是個穩扎穩打的架構，如同骨骼；而同屬土象的金牛座就是在架構上的物質，譬如肌肉；處女座就是內在器官。當水星在處女座退行，對摩羯座而言，尤其要留意健康方面警訊，不要延誤就醫，也須多方詢問。

期間六顆行星：水、金、土、木、海王、冥王，同時退行修正軌道。是相當重大的星象變動。

　　各行業將有重磅級整頓，社會激烈批判，令人深感不安。

♦ 9.4 － 12.31 ♦

木星在金牛座退行。

展現藝術才華、創新設計想法等,可能因躁進流於華而不實而遭批判。不妨放慢腳步和節奏。

♦ 12.13 － 2024.1.2 ♦

水星於摩羯座退行。射手座新月。

下半年兩次水星退行,對摩羯座而言,無疑經歷由內到外重新思考的震盪,步步驚心,須慎之又慎,才對得起自己。

水星代表溝通思考,且在屬於摩羯座的你本命宮位置,當水星退行,有可能你的思考活躍多變但有時混淆不清;或工作、學習遇見瓶頸或難題,引發過度思考。此時可能遇見以前同事或師長長官,適時給予鼓勵或一起探討問題,迎向改變。

投資理財,保持客觀務實分析,不宜作出重大承諾。務必特別注意差旅行程安排;若是親子旅遊,更須留意安全。

2024 年:蘊蓄夢想

♦ 1.21 ♦

冥王星再次進入水瓶座,與正在水瓶座的太陽合相(冥日合)。

冥王是眾神中最富有的,此刻冥王星進入財帛宮,將以深遠綿長的方式帶來影響。

♦ 2.5 ♦

冥王星與水星在財帛宮合相。

　　意味著之前思考很久的一些修正中想法，像是改善親子或戀人關係，或苦惱於如何展現才能等，將有好的開始。有機會理出頭緒，接受改變，並有全新思考模式或價值觀。也可能是先前未必認同的行銷或營運模式，在逐漸了解後願意接受。

♦ 2.10 ♦

水瓶新月除舊迎新。此刻太陽、水星、冥王星都在水瓶座。

　　新的一年，摩羯座的朋友可能會大手筆買年貨，或規畫帶家人、伴侶出遊或出國，但仍會把錢花在刀口上。

♦ 2.17 ♦

冥王星與金星在水瓶座合相。

　　可能在旅途中收獲戀情。或有意外之財，偏財手氣佳。

♦ 4.1 － 4.25 ♦

水星在牡羊座退行。期間海王星金星合相在雙魚座（4.3），這天，同時有土、火、金、海王等行星在雙魚座，意義非凡。

　　此時各種想法旺盛，但容易隨著情緒波動，宜避免輕率做出重大決定，例如結婚離婚，買房賣房，轉職移民等。要注意與父母或家人間的互動，很容易有不同意見。

♦ 4.8 ♦

日全蝕。牡羊新月。

牡羊日全蝕發生在摩羯座的家庭宮，象徵原生家庭或家庭成員，或自己的靈魂深處。日蝕的能量非常巨大，也代表能量重整，所以在這些領域會容易感到變化 —— 例如與父母親的關係，可能出現與以往不同的互動模式；或現有的住家有了改變。（其餘參見 p.176「2024.4.8 日蝕提醒」）

◆ 5.2 － 10.11 ◆

冥王星在水瓶座二度退行。

　　5 月份有不少行星進入金牛座，對摩羯而言，是相當激烈的變化，你會不遺餘力地展現才華，滿足心中渴望。有趣的或與以往不同的親子互動模式，會讓子女展現某方面的天分，讓父母花錢栽培。

　　情人間的互動，多是歡愉甜蜜的；可能有意外的戀情或是一夜情。這也象徵了機會財，手氣不錯，但別貪心，以免人財兩失。

◆ 5.27 － 2025.6.10 ◆

木星進入雙子座。之後幾天，水、日、金、木將同在雙子座。

　　雙子座對摩羯座而言，是日常生活與例行工作的宮位，也代表了健康管理。此時你會有很多想法，例如讓無趣的工作更有效率，或去考取一些專業證照；但也可能增加工作量 —— 務必小心別成為工作狂。

　　有些人會更關注養生訊息，並確實執行健身計畫目標；但最重要的，還是必須適合自己。木星停留雙子座期間，你將對於生活細節的學習樂此不疲。

◆ 7.15 ◆

天王星與火星在金牛座 26 度合相。

這個日子附近，要特別留意各種天災、意外，或血光之災；尤其是孩子的安全。與伴侶溝通，多些耐心與包容。

◆ 8.5 — 8.28 ◆

水星在處女座開始退行。

處女座所在之處是第 9 宮，對任何事物都會執著想找到滿意答案，切記適度放鬆，保持彈性。此時若出國旅遊或參與國際事務，須注意行程細節與安全。任何報告都須注意備份。

◆ 9.1 — 2025.1.30 ◆

天王星在金牛座退行。三大外行星同時退行，另加一個土星。

過去這幾年，天王星在金牛座，對摩羯座而言，可說是有志難伸，非常壓抑。斗轉星移，或許你也能接受無法再回到從前的狀態。改變從來都不容易，尤其是價值觀或賺錢模式。

◆ 11.1 ◆

天蠍座新月。冥王星摩羯與火星巨蟹 29 度正對分相。

摩羯座朋友，可能為了工作或溝通問題，在人際關係中受到拉扯，此時口舌是非或流言攻擊都很難避免，夫妻、夥伴都可能大吵一架，一洩長久的怨氣。要謹慎調適。

水星天蠍、海王星雙魚、火星巨蟹形成充滿情感與情緒的水象大三角，落在摩羯座的風象位置。

雖然你能消化外界引發的情緒情感，但不代表不困擾，而是

讓於水象元素所連結的歸屬感與感受，隨著自我調整得以抒發，維持平衡。這會是一段交錯很多情感與溝通的時期。

◆ 11.20 【★重要！】◆

冥王星正式進入水瓶座（～ 2044 年）。人類開始新的篇章，冥王水瓶的財富曲線正式啟動。

　　水瓶座的對宮是獅子座，是應對冥王水瓶蛻變心法所在，此時獅子落在摩羯座的第 8 宮，這是個財富資源整合宮位。（參見 p.151 摩羯座財富機會）

◆ 11.26 － 12.15 ◆

水星再次在射手座退行。正在雙子座的木星與水星對分相。

　　木星水星元素的互動，有些你一直很想嘗試或改變的人事物，此刻可能會豁出去不顧一切行動，尤其藝術創作。可能突然決定要騎車環島攝影，或到嚮往的地方寫生，看似衝動，其實蓄謀已久。若須出國或旅行，切記確認行程細節。

◆ 12.7 ◆

海王星在雙魚座停止退行。

　　此時落在財帛宮的冥王星與金星合相，之前你決定做的事情，會讓你感到歡愉幸福。而當海王星停止無邊際的想法時，不論工作或創作，將是規畫並著手實現，完成心願的時刻。

2025 年：人際躊躇

◆ 3.14 — 4.7 ◆

水星在牡羊座退行。

牡羊座內的眾星變化，影響摩羯座內心深處的想法，尤其在工作或學習領域，你有極大渴望向上成長，提升層次。

此外，這裡也象徵家事、家人，有可能你會為家人安排出國旅遊或遊學，並且你對於這些相關瑣務，甘之如飴。水星代表溝通與人際，但在火象星座退行易有口舌之累，任何溝通都應盡量清楚明白。注意交通安全，與各類差旅行程的細節。

◆ 5.25 ◆

土星進入牡羊座，與海王星合相。

土星的框架，壓制了牡羊個人主義的擴張色彩。而當海王星落入家庭宮，你可能非常渴望重新裝潢住處，打造夢想中的家。這個宮位也代表家人，特別是父母親；海王星具有消融的能量，也須注意長者們的健康。海王星容易讓人情緒或感受氾濫，所幸有土星加以節制，沖淡造成思緒混沌的能量。

◆ 6.10 — 2026.6.30 ◆

木星進入巨蟹座。

此時摩羯座的你可能想出國，找一個「適合自己的地方」。由於此時的星象宮位代表婚姻與合作關係，或許你會在旅途中有美好邂逅；或走入婚姻；或伴侶獲得不錯的機運。有些人會遇見生命中的貴人，或資源雄厚的合適夥伴 —— 且都不會只是泛泛之

交。在慶幸好運道之餘，務必注重合作細節，尤其各種法規部分。木星的擴張效應，也可能讓女性容易發福。

◆ 7.7 － 11.8 ◆

天王星第一次進入雙子座，與金星合相，與冥王星水瓶座成三分相；此時木星太陽都在巨蟹座，土星海王星合相在牡羊座。

之前的調適與努力接受改變，帶來意想不到的收穫。

而雙子座所座落之處，是象徵日常生活與工作的宮位，你會認真地思考並設法提升工作效率，且有不錯表現。此外，你也會注重健康、飲食與運動，讓自己有出色體能體態。健康生活是這段時期的主軸，你也會積極地鼓勵家人朋友投入，甚至興之所至當上教練。有機會在上述的日常領域發展出戀情。

◆ 7.18 － 8.11 ◆

水星在獅子座退行。

這期間的社會氛圍激烈混亂，令人憂心。摩羯座個人在水星退行期間，有可能對先前整合資源或集資的創意創新計畫不滿意，希望做些調整。由於水星與溝通、訊息和人際關係有關，此時尤其要注意這些方面，機警地面對問題或挑戰。

◆ 8.7 ◆

冥王星水瓶－天王星雙子－火星天秤形成風象大三角，落在摩羯座土象位置。土海合牡羊對象火星天秤。

在賺錢與例行工作和事業中，協調溝通，將利益最大化。

♦ 11.10 – 11.30 ♦

水星在射手座開始（第三次）退行。天空中形成五星（水、木、土、天王、海王）退行狀態。水象大三角：雙魚－巨蟹－天蠍，座落在摩羯座的風象位置。

在人際關係上出現必須處理的糾葛，或需要挺身相助——無論是家人手足、夫妻或合作關係，以及五湖四海的朋友們。

♦ 12.12 ♦

水星進入射手座，太陽、金星、火星也在射手座。

水星在摩羯的12宮退行，你會覺得腦袋像糨糊，太多資訊、糟心事讓你無法思考——尤其是與家裡或家人有關的事。這是個內心活動強烈影響思緒的階段，原生家庭此刻可能困擾著你，或童年記憶讓你陷入對價值觀的深層思考。此時最好能找人聊天，或不妨透過占星、宗教、心靈諮商尋找解答。

2026 年：颯然獨立

◆ 1.26 ◆

海王星正式進入牡羊座。

　　此時摩羯座的你，可能因工作或求學，搬離原來住處或原生家庭；也可能建立自己的家庭。這是一個與原生家庭切割，順從內心渴望的獨立行動時期 —— 並不是突然發生，而是在前一年 12 月間，眾星落在 12 宮時，你反覆思慮的結果。

◆ 2.14 ◆

土星進入牡羊座與海王星 0 度合相。

　　土星限制了漫無邊際的海王星，讓你的計畫有了自己的節奏或章法，也促使你按部就班執行。

◆ 2.26 － 3.20 ◆

水星在雙魚座退行。

　　這是段讓你停下來思考到目前為止的計畫，它的執行過程、初衷及深層想法的時間。

　　雙魚座之於摩羯座，就是溝通 —— 比如說離開原生家庭的據理力爭過程。

　　水星代表資料訊息，退行期間，務必都存妥備份。

　　此際你也會檢視工作資源，或與家人相關的錢財等，是否有妥善地分配、運用。

◆ 4.26 ◆

天王星正式進入雙子座，與金星合相；天王雙子與冥王水瓶，形成三分相；海王牡羊則分別與天王雙子、冥王水瓶呈六分相。

　　天王雙子，對摩羯座的例行工作或是讀書學習，會帶來非常生動有趣的影響。學生可能開發不同的學習渠道或模式；也可能是效率超高的 AI 取代了職場中枯燥無味的資料工作，你更有餘裕享受午後悠閒，或辦公室戀情。

2023.3.24 – 2026.4.26

水瓶座

以上升星座為主，太陽星座其次

2023 年：迎向變化

◆ 3.24 ◆

冥王星進入水瓶座。

此時你會對於長久以來置身、經歷的某個狀態 —— 譬如工作，或某種信念、價值觀 —— 有了結束的想法。這個念頭可能已潛伏數月或數年，此刻有了決斷，你將義無反顧迎來改變。

◆ 4.28 — 10.13 ◆

冥王星在水瓶座退行，6.11 退回到摩羯座。

此時水瓶座的守護星天王星正在金牛座，正是代表家庭與靈魂深處的第 4 宮，你將多少會猶豫這個結束或改變的決定正確嗎，以及調整的方向。直視內心，難免會有煎熬。此時有機會因家裡的房產或土地獲利，或將老宅改裝為營業用途。

♦ 5.17 — 2024.5.27 ♦

超級吉星木星轉入金牛座。

木星落在水瓶的原生家庭宮，這裡也是靈魂的深處，安全感之所在。這段期間，你自己與你的家人，就是最好的貴人。

單身的你，有機會在家族活動甚至相親時邂逅命定之人。不過，此時若討論房屋改造或都更，家人多少會有些意見。

♦ 8.24 — 9.15 ♦

水星在處女座退行。水星處女－冥王摩羯－天王金牛，形成土象大三角。落在水瓶座的水象位置。

當水星處女在 8 宮（疾厄宮、偏財宮）退行時，與冥王星相關的議題都會隨之而來：深層轉變、共享財富、遺產、祕密、超感知能力等。譬如可能在工作或合作的資源方面，面臨一些挑戰，或必須重新學習。這裡也是配偶財富的宮位，可能與伴侶有不同的財務細節考量。

此時跟水星有關的溝通、思考和學習方面，可能有些想法會遇到瓶頸。加上水星在處女座，原本就會對瑣事吹毛求疵，而火星又在處女座，此時務必守住理智線維持溝通，避免尖銳言詞，也要小心情緒化倉促做出重大決定。

對於有些水瓶座朋友來說，這些影響，與家庭或內心深處的安全感源頭有關，可能是婚姻關係、性、金錢資源，選擇如何處理，都將成為彼此的因緣果報。當水星處女在 8 宮「貪嗔癡慢疑」之處退行，問題會一一浮現，是很煎熬的人性考驗。

期間六顆行星：水、金、土、木、海王、冥王，同時退行修正軌道。是相當重大的星象變動。

各行業將有重磅級整頓，社會激烈批判，令人深感不安。

◆ 9.4 － 12.31 ◆

木星在金牛座退行。

　　此時正是稍停腳步檢視家人家事或是家族事業，以及傾聽內心聲音的時刻。

◆ 12.13 － 2024.1.2 ◆

水星於摩羯座退行。射手座新月。

　　下半年以來，天上眾星彷彿接力賽般，輪番變化、調整。無常就是常。而對風象的水瓶座來說，所有的改變都不是難事，只要合情合理，大多能接受。

　　水星代表溝通思考，而摩羯座則代表務實、傳統規範，因而此時在你腦海中會翻湧各種與家人互動情境的複雜情感與想法，可能是尋常瑣事，或對家族企業的某個經營方略有意見落差。或許此刻你更傾向冒險挑戰，但家族成員卻退縮保守。也可能是換屋或買賣房屋，裝潢住家，操心資金安排事宜等。切記避免鑽牛角尖，陷入細節漩渦，而以更全面、靈活的態度與方法，來審視現況。若安排出國差旅，須再三確認行程。

2024 年：鋪設新軌

◆ 1.21 ◆

冥王星再次進入水瓶座，與正在水瓶座的太陽合相（冥日合）。

　　冥日合相的巨大的力量，啟動強烈的轉變和重生能量，同時自我防禦意識強烈。你可能會很想搬家，或重新裝潢住家。或是

與父母親恢復良好互動；但也可能把某些心事或祕密攤開說清楚，做個了斷，建立新的關係。

◆ 2.5 ◆

冥王星與水星在水瓶座合相。

可能計畫學習新知識或學科，愈有挑戰性你愈有興趣。

◆ 2.10 ◆

水瓶新月除舊迎新。此刻太陽、水星、冥王星都在水瓶座。

新的一年，對水瓶座的你來說，可能不算開心，因為荷包大失血，或家族事業讓你費神也費錢。

◆ 2.17 ◆

冥王星與金星在水瓶座合相。

可能靈光乍現浮現新的賺錢方法或模式；或意外獲得贈與、獎金。偏財手氣不錯。

◆ 4.1 － 4.25 ◆

水星在牡羊座退行。4 月 3 日海王星金星合相在雙魚座，這天，水逆期間同時有土、火、金、海王等行星在雙魚座，意義非凡。

水星就是本身就代表學習。對學生來說，水星退行此時，是摸索更適合自己的方法，以強化之前投入的努力。企業經營者則可能聽到很多意見與想法，不妨蒐羅後過濾參考。

另外，有可能在聚會中與許久未見的親友重晤。出國旅遊注意安全。

◆ 4.8 ◆

日全蝕。牡羊新月。

　　牡羊日全蝕發生在水瓶座學習、溝通與旅行的宮位。日蝕的能量非常巨大，也象徵能量重整，你可能決定開啟一個全新的學習，像是為了去南美洲旅行，透過網路或 AI 進修葡萄牙文；或為了孩子的波蘭朋友，學習該國語言與文化。在這不乏冒險性質的過程中，你也收穫新的人生體驗。

　　此時宜留意情緒波動，前後兩週不要做重大決定。（其餘參見 p.176「2024.4.8 日蝕提醒」）

◆ 5.2 － 10.11 ◆

冥王星在水瓶座二度退行。

　　這段時期對於工作、學習，會有莫名的情緒，也會思考人生，並對自我嚴厲批判，甚至想重新學一門專業課程。

◆ 5.16 － 5.20 ◆

金牛座同時有日水金木天五星進駐。

　　金牛座在 5 月份的變動，多與家人家事或祖父母、祖先有關，也象徵著家運；木星金星等吉星在金牛，多為桃花貴人與財富，喜事連連。

　　就個人而言，單身的水瓶座此時可能成家立業，或者擁有自己的住處；也可能是事業有自己發展的一片天。「此心安處是吾鄉」。

♦ 5.27 — 2025.6.10 ♦

木星進入雙子座。之後幾天，水星、太陽、金星、木星都將同在雙子座。

此時的木星雙子，在水瓶座星圖裡象徵子女、歡樂的宮位。家裡有小朋友的話，將展現天分，所學才藝有出色表現。

個人部分，若是頻道主，有機會受矚目或粉絲數目暴增。

木星停留雙子座期間，你將更積極追求新知，了解世界趨勢；也可能舉辦聚會分享收藏，或邀同好一起辦展，展示彼此的作品。這是個匠心獨運的熱烈創作時期，端看各人的領域與業別。主軸是與眾不同的創新。

有些人則可能在出國旅遊時發生轟轟烈烈戀情。已婚者要留意不當誘惑。這段時期，偏財好手氣，意外之財令人開心，宜見好就收。此時「貪嗔癡慢疑」的人性考驗，將成為你修行的一階。

♦ 7.15 ♦

天王星與火星在金牛座 26 度合相。

須特別留意：天災、意外災害與血光之災。另應多注意與家人間的溝通，控制情緒。此時你可能會因為例行公事或生活瑣事增加心理壓力，要留意不要影響健康。

♦ 8.5 — 8.28 ♦

水星在處女座開始退行。

你可能有需要整合金錢、資源的計畫，甚至可能跟遺產、保險的安排有關，需要蒐集許多資料分析利弊，都須審慎待之，並切記建立備份習慣。

這裡代表配偶的錢或欲望，當水星退行，容易與另一半有不同意見，要更耐心、與包容地保持溝通順暢；如果被難倒了，就尋求幫助吧。

◆ 9.1 － 2025.1.30 ◆

天王星在金牛座退行。三大外行星同時退行，另加一個土星。

天王星退行的位置，讓你與家人、家族事業出現戲劇般變化，或內心深處的價值觀、安全感受到撼動。

◆ 11.1 ◆

天蠍座新月。冥王星摩羯與火星巨蟹 29 度正對分相。

當你井然有序照顧好自己時，上天也將眷顧著你。

水星天蠍、海王星雙魚、火星巨蟹形成充滿情感與情緒的水象大三角。落在水瓶座的土象位置。

此時的海王雙魚儲備能量，準備在進入牡羊座時執行夢想；而一直做著同質性工作的火星巨蟹，也將在進入獅子座時，找個合夥人創業，或找個人嫁了，開啟新生活；而在天蠍座的水星，正在默默地計畫轉換跑道。

這些都是在印證，水瓶座的你，儘管能消化周遭人事物引發的情緒情感，但已達臨界點，不願再過同樣的生活；你正等待時機，創造並啟用新的人生軌道 ── 關鍵時間點便是冥王星正式進入水瓶座之時。

◆ 11.20【★重要！】◆

冥王星正式進入水瓶座（～ 2044 年）。人類開始新的篇章，冥王水瓶的財富曲線正式啟動。

冥王水瓶的對宮是獅子座，是應對冥王水瓶蛻變心法的地方，此時獅子座落在水瓶座的 7 宮。7 宮代表自己以外的人際關係，夫妻、合作夥伴等。（參見 p.159 水瓶座財富機會）

◆ 11.26 － 12.15 ◆

水星再次在射手座退行。正在雙子座的木星與水星對分相。

當木星水星元素互動，你將玩心大開，嘗試有趣的冒險活動或運動，也可能在網路遊戲狂買裝備 —— 只是，都要注意，就算手氣再旺，切記見好就收。

◆ 12.7 ◆

海王星在雙魚座停止退行。

此時，落在水瓶座本命宮的冥王星與金星合相，家族可能提供資源讓你完成夢想；也可能是新的家庭成員帶來巨大欣喜；或開心喬遷。

更可能是，當海王星停止無邊際想法時，你將迎來進一步規畫與實現計畫的時刻。

2025 年：徜徉趣味

◆ 3.14 － 4.7 ◆

水星在牡羊座退行。

這是水瓶座文字溝通學習與社交的宮位，求學中的同學，若碰到學習上的疑難，建議開口求助於同儕或師長；在職場則不妨向專業前輩求教。只是值此水星退行之際，人際關係既是奧援，

也可能是口舌是非源頭，小心誤會。親友、親子、情侶等私人領域也須留意溝通。差旅安全、資料備份，都須注意。

◆ 5.25 ◆

土星進入牡羊座，與海王星合相。

　　土星的框架壓制了牡羊個人主義的擴張色彩，務實地推動夢想、改革計畫按部就班實現。

◆ 6.10 － 2026.6.30 ◆

木星進入巨蟹座。

　　這段期間，你更會重視許多日常生活細節，或例行工作流程，並落實改善方法，也可能導入 AI 協助，提升效率。並更重視健康，均衡飲食、規律運動，培養工作需要的好體力。此時或許你會安排出國行程，或有機會外派。

◆ 7.7 － 11.8 ◆

天王星第一次進入雙子座，與金星合相，與冥王星水瓶座成三分相；此時木星太陽都在巨蟹座，土星海王星合相在牡羊座。

　　此時雙子座所座落之處，是象徵自我呈現、歡樂、喜好、愛情、子女的宮位，很可能你將顛覆過去思維，可能是戀愛價值觀大翻轉，或現有關係出現變化。這是個「不想一成不變」、勇於嘗試新奇感的時期。

　　可能對有趣、好玩的運動或嗜好充滿興趣。或許會放手讓子女更獨立。當天王星在象徵感情的位置，很容易有婚外情或一夜情，甚至使人生或財務岔出新支線。

　　雙子座也象徵學習。你更有機會將創意、能力放在學習或有

趣的嗜好上。

◆ 7.18 ― 8.11 ◆

水星在獅子座退行。

　　這期間的社會氛圍激烈混亂，令人憂心。水瓶座個人部分，建議留意家人與配偶間的關係，容易有婆媳問題；或因討論家人家事，影響夫妻關係。注意合作、合夥或雇用的合約。

◆ 8.7 ◆

冥王星水瓶－天王星雙子－火星天秤形成風象大三角，落在水瓶座火象位置。土海合牡羊對象火星天秤。

　　毀滅重生能量牽動創新改革想法，加上靈活的交流討論，積極完善的執行行動，將能開創自己的新世界。

◆ 11.10 ― 11.30 ◆

水星在射手座開始（第三次）退行。水象大三角：雙魚－巨蟹－天蠍，座落在水瓶座的土象位置。

　　這次水星退行，讓你對先前從醞釀到落實的歷程，再次細細咀嚼感受。

　　情感情緒方面，確認某個狀態，心靈充滿幸福感。

水逆期間，出現五星（水、木、土、天王、海王）退行。

　　這段時間，最好暫緩國際性質的旅遊或投資計畫。有些朋友可能想對自己的社交圈進行篩選，或刪掉帳號重新出發。

◆ 12.12 ◆

水星進入射手座，太陽、金星、火星也在射手座。

熱衷宗教信仰或身心靈修行的朋友，會參加或離開某些團體組織。

工作部分，公司可能為了提升日常效能，導入新科技；以可能是你研發、引進一套協助效能升級的系統。

2026 年：奇妙風景

◆ 1.26 ◆

海王星正式進入牡羊座。

將為理想或信念而努力的時期到來了。你將展開夢想執行計畫，一步一腳印，心滿意足地前進。

◆ 2.14 ◆

土星進入牡羊座與海王星 0 度合相。

土星限制了漫無邊際的海王星，阻止了缺乏規律的生活作息，也促使你按部就班執行想法。

◆ 2.26 － 3.20 ◆

水星在雙魚座退行。

這是個讓你緩下腳步檢視每天進度或工作、創作狀態的時機，尤其財務開銷。此時會確實感受到各種用途花費變大。

◆ 4.26 ◆

天王星正式進入雙子座，與金星合相；天王雙子與冥王水瓶，形成三分相；海王牡羊則分別與天王雙子、冥王水瓶呈六分相。

你的創意與構想，正在天王星進入雙子座時拉開序幕。無論在文化藝術的展現，或人文科學的呈現，水瓶座都能獨樹一格，創造別開生面的新局勢。

2023.3.24 – 2026.4.26

雙 魚 座

以上升星座為主，太陽星座其次

2023 年：開啟覺悟

♦ 3.24 ♦

冥王星進入水瓶座。

　　此時會有些預期外的人事物突然出現，你可能覺得有些不安 —— 這跟土星正在雙魚的本命宮有關。但幸運的木星與金星，分別在你的財帛宮與學習宮給予加持，你將受到激勵鼓舞，決心憤發，也決定努力方向，並付諸行動進修或義無反顧投身與理想關的領域。你的覺悟不會是一時兒戲。

♦ 4.28 － 10.13 ♦

冥王星在水瓶座退行，6.11 退回到摩羯座。

　　此時你會審視你下決心進行的這個改變是否正確，以及調整的方向。

內心或許會有些煎熬，由於土星與海王星都在雙魚座，你會有各種腦內小劇場，切記別鑽牛角尖，如果遇到難題難關，只要主動求助，都會出現貴人幫忙。

◆ 5.17 － 2024.5.27 ◆

超級吉星木星轉入金牛座。

此時木星落在你的溝通、學習與小旅行宮位，會有各種拜訪、會議、討論，馬不停蹄但不亦樂乎。

或課業雖重但成績斐然，信心十足。個人社交活動頻繁，好友相伴的時光最美。

此外，有機會在旅途中有美好邂逅，或由同學朋友變成戀人。

◆ 8.24 － 9.15 ◆

水星在處女座退行。

此時因火星也同在處女座，你可能會對合作對象或伴侶較缺乏耐性，務必理性從容溝通，避免尖銳言詞。也要避出重大關鍵決定。

留意資訊資料備份，以及再三確認行程。

水星處女－冥王摩羯－天王金牛，形成土象大三角。落在雙魚座的風象位置。

此時你的計畫不僅有周詳的進度，更有顛覆過去框架的創新系統，還有高科技加持，都將更接近理想。只是水星在處女座退行時，你必須更注意細節，或與時俱進調整不足之處。

期間六顆行星：水、金、土、木、海王、冥王，同時退行修正軌道。是相當重大的星象變動。

各行業將有重磅級整頓，社會激烈批判，令人深感不安。

◆ 9.4 － 12.31 ◆

木星在金牛座退行。

　　要注意人際金錢往來。工作事業或學習，則須調整方法。

◆ 12.13 － 2024.1.2 ◆

水星於摩羯座退行。射手座新月。

　　這段時期各種變化、調整、修正，對雙魚座而言，都有深刻的體悟與覺知。

　　可能你會重新思考自己是否適合所屬的團體，或考慮轉系、加修學科甚至轉學；也許是轉換不同屬性職務或工作跑道。

　　此時社群網站容易有雜音，宜淡然處之，按自己步調來調整即可。

　　有機會出差出國，參與研討會或展覽。

2024 年：理想充電

◆ 1.21 ◆

冥王星再次進入水瓶座，與正在水瓶座的太陽合相（冥日合）。

　　此時你會很想改變現況，讓自己成為心目中的樣子。

　　這個種子其實已經在腦中種下許久，你將步步為營，坦然面對許多難題。

　　有宗教信仰的朋友，可能加入團體，更堅定修行之路，或參與身心靈課程。

　　經營管理者，可能重組公司架構，或朝更高目標的計畫進行中。

總之，調整自己一成不變的軌跡，是此時人生功課。

◆ 1.27 ◆

天王星在金牛座停止退行。

之前工作、學習上的調整，或懸而未決方案，出現定論。

◆ 2.5 ◆

冥王星與水星在水瓶座合相。

你會下定決心面對一直很難克服的障礙，或發揮悲天憫人之心參與公益活動，或參與宗教的聖地巡訪活動。

也可能決定退休，換種過日子方式，為自己安排許多夢想行程或課程。

◆ 2.10 ◆

水瓶新月除舊迎新。此刻太陽、水星、冥王星都在水瓶座。

此時可能投資理財有所獲，或得到獎金紅利，開心過年。

◆ 2.17 ◆

冥王星與金星在水瓶座合相。

有機會得到意外收穫或錢財，或遇見命中注定的那個人。無論好壞都是緣分，但你總是可以選擇。

◆ 4.1 － 4.25 ◆

水星在牡羊座退行。4.3 海王星金星合相在雙魚座，這天，水逆期間同時有土、火、金、海王等行星在雙魚座，意義非凡。

當水星在錢財位置上，會有頻繁的交易或各種社交活動，擴

張人脈資源尋求更多商機。此時有可能與久違的老友或同學相聚，進而合作。

這是段努力經營事業或認真學習時期。

◆ 4.8 ◆

日全蝕。牡羊新月。

牡羊日全蝕發生在雙魚座的財帛宮，你可能對於現階段賺錢的方法、營利模式或計畫、金錢價值觀，有完全不同於以往的看法。也可能對健康保養有新規畫。

代表能量重置的日蝕期間，宜留意情緒波動，前後兩週不要做重大決定。（其餘參見 p.176「2024.4.8 日蝕提醒」）

◆ 5.2 － 10.11 ◆

冥王星在水瓶座二度退行。

對於價值觀、金錢概念、盈利模式，都有深刻或顛覆性的看法。

◆ 5.16 － 5.20 ◆

金牛座同時有日水金木天五星進駐。

眾星此時齊集金牛座，你將更積極地學習新知；也可能頻繁聽聞親友或同學的八卦消息；或常想邀伴出遊或聚餐。

工作上，你會很認真誠懇地對待每個可能成功的機會，務實地討論業務。若還在求學中，這會是一段激發潛能的孜孜不倦好學時期。

有些朋友有機會因出差邂逅好對象；或朋友變戀人。

◆ 5.27 － 2025.6.10 ◆

木星進入雙子座。6.4 水星進入，太陽、金星也在雙子座。

這是段心情愉悅平和的時期。與家人相處愉快，不論與家人同遊，或獨自宅在家，都能享受樂趣。此時有可能換屋購屋，或者重新裝潢環境，以更舒適地享受居家生活。

此時的位置也代表靈魂的深處，你也可能因為閱讀或旅行，或與人交流，受到感動、啟發而感到心靈充實平靜。

木星在雙子座這段時期，你將如海綿般更積極追求新知，了解世界趨勢與動向，尤其熱衷當下流行資訊。但是也要注意，不宜因八卦或小道消息輕率投資。

單身的你有可能在出國時遇見好對象；已婚者則須謹慎應對誘惑。

◆ 7.15 ◆

天王星與火星在金牛座 26 度合相。

須特別留意：天災、意外災害與血光之災。請多注意與家人間的溝通，尤其是自己的情緒控制。此時易招口舌是非、流言蜚語。

留意交通安全、資料備份，以及身體狀況。運動適量。

◆ 8.5 － 8.28 ◆

水星在處女座開始退行。

此時水星在代表夫妻、合作夥伴的人際關係宮位退行，容易與對方有不同的看法，若能多從對方立場思考問題，有機會在溝通討論中創造出新的點子或解決方案。

♦ 9.1 — 2025.1.30 ♦

天王星在金牛座退行。三大外行星同時退行，另加一個土星。

此處是雙魚的工作學習以及人際關係的領域，所以此時要小心意外損失。

工作上，有可能離職或轉換跑道。

♦ 11.1 ♦

天蠍座新月。冥王星摩羯與火星巨蟹 29 度正對分相。

此時你的創作力將集結追隨你的同盟力量。最典型的例子就是電影拍攝團隊。

對創作者個人來說，如何在創新中超越之前的自己，留下傳奇，是這個階段的念想，並讓自己期待、甘願努力一整年。

水星天蠍、海王星雙魚、火星巨蟹形成充滿情感與情緒的水象大三角。落在雙魚座的火象位置。

藉由涅槃重生創新的力量，這段時期的雙魚座將心念昇華為信念，等待時機創造新的人生軌道。而那個時間點便是冥王星正式進入水瓶座，新的人生軌道啟用。

♦ 11.20 【★重要！】 ♦

冥王星正式進入水瓶座（～ 2044 年）。人類開始新的篇章，冥王水瓶的財富曲線正式啟動。

水瓶座的對宮是獅子座，是應對冥王水瓶蛻變心法的地方，此時獅子在雙魚座的 6 宮，勤奮工作，充滿創意，掌握計畫主導權，戰戰兢兢事必躬親。（見 p.168 雙魚座財富機會）

◆ 11.26 — 12.15 ◆

水星再次在射手座退行。正在雙子座的木星與水星對分相。

木星水星元素的互動影響，分別在你安身立命的地方以及即將前去的方向，並可能結合二者。

一開始是廣泛涉獵，滿足追求新知渴求，進而提升專業素養，並藉著分享，擴大影響。

◆ 12.7 ◆

海王星在雙魚座停止退行。

此時落在 12 宮的冥王星與金星合相，內心思考已久的夢想計畫種子終於萌芽，即將展開行動，當海王星停止無邊際想法時，將會是你規畫與實現計畫的時刻。

2025 年：浪漫自主

◆ 3.14 — 4.7 ◆

水星在牡羊座退行。

水星在財帛宮象徵商務活動繁忙，積極擴展人脈、尋找商機，此時多有商品展覽或海外說明會。

上升雙魚座對投資理財一向心很大且能承擔風險，但水星退行期間，建議保守勿冒進；水星也代表財來財去，但要去對的地方，才是聰明理財。

◆ 5.25 ◆

土星進入牡羊座，與海王星合相。

土星壓制了牡羊個人主義的擴張色彩，讓你務實地將夢想投資或創作計畫，按部就班地實現，或點滴累積，不須躁進。

◆ 6.10 － 2026.6.30 ◆

木星進入巨蟹座。

此時多與居家或房產主題有關。

可能從不動產買賣獲利，或旅途中心血來潮買屋投資。也可能花錢修繕居家。也說不定是迎來新的家庭成員。兒女展現才藝天分，讓你欣慰驕傲。

◆ 7.7 － 11.8 ◆

天王星第一次進入雙子座，與金星合相，與冥王星水瓶座成三分相；此時木星太陽都在巨蟹座，土星海王星合相在牡羊座。

天王雙子所此時所在，是象徵雙魚座安身立命之處，很直觀地，你會很想搬家或換住處，也可能想離開原生家庭，到外面闖蕩。你不想屬於任何團體或組織，只想當你自己。

天底的 4 宮，象徵心裡最深處，有很多連自己都未必清楚的想法，所以當天王星召喚你內心的想法時，你需要時間去釐清那些感受。但無論如何，追求自由是必然的。

◆ 7.18 － 8.11 ◆

水星在獅子座退行。

這期間的社會氛圍激烈混亂，令人憂心。雙魚座個人部分，

建議留意與家人的關係，可能因瑣事意見不合。

也須留意家中成員的健康與飲食，尤其年長者。

此時親子關係容易陷入緊張，互動時需要多些耐心與包容。

◆ 8.7 ◆

冥王星水瓶－天王星雙子－火星天秤形成風象大三角，落在雙魚座水象位置。土海合牡羊對象火星天秤。

毀滅重生創造不凡想法，加上鬼靈精怪創意，在信念下積極行動，為自己的夢想鋪成一條大道。

◆ 11.10 － 11.30 ◆

水星在射手座開始（第三次）退行。水象大三角：雙魚－巨蟹－天蠍，座落在雙魚座的火象位置。

此時你將對於先前從醞釀到落實的歷程，再次細細感受。情感情緒方面，反覆確認某些狀態，心靈幸福感滿充滿。

這段期間，出現五星（水、木、土、天王、海王）退行狀態。

這段時間不適合不動產投資與旅遊，尤其是國際性質。先前家中的裝修或是一些投資，可能有未盡理想之處，須再調整。若是頻道主，建議此時以較保守的方式經營，避免是非。

◆ 12.12 ◆

水星進入射手座，太陽、金星、火星也在射手座。

此時是積極向上的狀態。或者熱衷國際事務市場，或深受異國文化吸引。這是雙魚座努力工作展現自己志業職涯，以及雄心壯志的地方，你有機會成為高階經營管理者，此時也是提升社會地位的最佳時期。

2026 年：夢想起飛

◆ 1.26 ◆

海王星正式進入牡羊座。

　　無論是工作、求學或創作，此時都將在你的計畫中逐步實現醞釀很久的改變。同時，金錢觀價值觀也將提升格局。

◆ 2.14 ◆

土星進入牡羊座與海王星 0 度合相。

　　土星限制了漫無邊際的海王星，約束了想多嘗試或修改不停的創作衝動，使你按步就班執行想法，催生「成果」。

◆ 2.26 － 3.20 ◆

水星在雙魚座退行。

　　這是段讓你稍停腳步，思考創作或親子、戀人關係的時期。並審視財務開銷與投資理財狀況 —— 原本你在這方面就很有獨到見解，此時更會認真思考自身狀態，不會貿然出手。

◆ 4.26 ◆

天王星正式進入雙子座，與金星合相；天王雙子與冥王水瓶，形成三分相；海王牡羊則分別與天王雙子、冥王水瓶呈六分相。

　　你的創意與構想，尤其是文化藝術領域的創作，在天王星進入雙子座時將揭開大幕，有令人耳目一新的創新作品。

國家圖書館出版品預行編目資料

奧力占星：財富之書──248 年一遇的冥王水瓶
時代／奧力作 . -- 初版 . -- 臺北市：大塊文化出
版股份有限公司 , 2023.8.8
320 面；14.8×21　公分 . --（smile；198）
ISBN 978-626-7317-56-3（平裝）

1. 占星術　2. 財富

292.22　　　　　　　　　　　　　112011266

LOCUS

LOCUS

LOCUS